日常のなかの
コミュニケーション

現代を生きる「わたし」のゆくえ

阿部 潔 著

北樹出版

まえがき

　本書は「日常のなかのコミュニケーション」というタイトルのもとに、私たちが生きる現代社会でのコミュニケーションを考えていこうとするものです。当り前のことですが、私たちが日々の社会生活を送っていくうえで、他人とコミュニケーションを図ることは、ごくごく自然になされています。それゆえ多くの場合、毎日の生活のなかで私たちは、ことさら改めてコミュニケーションについて意識することはありません。

　ですが、少し想像力を豊かにして考えてみると、自己と他者とのあいだでコミュニケーションが成立するという事実は、とても不思議なことです。そもそも、どうして私たちは互いに言葉を交わすことができるのだろうか。人々はどうして相手との関係において、コミュニケーションに喜びを感じるのでしょうか。携帯電話に代表される最新メディア機器は、私たちのコミュニケーションにどのような変化をもたらすのだろうか。いろいろと疑問は尽きません。

　このように考えると、日常生活のなかで自明視されているコミュニケーションを問い直してみることが、それなりに面白そうに思えてきます。きっと、日頃何気なくやりすごしている「あたりまえ」のなかに、実はたくさんの「驚き」や「不思議」が潜んでいるに違いありません。

　本書では、そうした驚きや不思議を「発見」することを目指して、私たちが日々交わしているコミュニケーションについて考えていきます。

　全体は三つのパートに分かれています。第Ⅰ部ではコミュニケーションの「仕組み」について、第Ⅱ部ではコミュニケーションの「現在」について、第Ⅲ部ではコミュニケーションの「不思議」について、それぞれ考えていきます。各章ではコミュニケーションをめぐる特定のトピックを取り上げ、それぞれの部のテーマについて踏み込んだ議論を展開していきます。

本書ではコミュニケーションについて考える際に、理論的・抽象的な議論に終始することがないよう、日常にありふれた具体的な事例をできるかぎり数多くあげて説明を加えるよう心がけます。なぜなら、コミュニケーションとはそもそも、「遠くの世界の誰か」ではない「身近な世界の私たち」の問題にほかならないからです。だからこそ、私たちが暮らす「日常のなか」でコミュニケーションを問い直していくことに、大きな意味があるのです。

　本書は、コミュニケーション論を学ぶための「教科書」として使われることを期待して書かれています。ここで「使われる」という言葉には、二重の意味が込められています。一方で、日常のコミュニケーションについて漠然とした関心や疑問を抱いている人々が「使う」ことを。他方で、大学の講義などで教える側が「使う」ことを。つまり、いささか不遜な志ではありますが、学ぶ人と教える人がともに「使える」教科書を目指しているのです。
　私たちの多くにとって、コミュニケーションはあまりに「あたりまえ」に交わされています。だからこそ、それについて考えることで、新鮮な驚きや刺激を得ることができます。それぞれの日常に照らし合わせながら本書を読むことで、皆さんがコミュニケーションについて何かを「発見」できれば、著者としてそれ以上の喜びはありません。

阿部　潔

目　　次

第Ⅰ部　コミュニケーションの「仕組み」
どのように成り立っているのか

1 プロローグ　コミュニケーションとは何か？
実践の「日常」と理論の「過剰」 ……………………15

はじめに ………………………………………………………………15

1. 「コミュニケーション」という言葉で私たちは
何をイメージするのか？ ……………………………………………16
   日常語としてのコミュニケーション(16)　「ともに分かち持つもの」(17)
   誰と誰とのあいだのコミュニケーション？(17)　「人間的なもの」(18)

2. コミュニケーションについて、どのように
語ることができるのか？ ……………………………………………20
   出発点としての日常感覚(20)　「あたりまえ」としてのコミュニケーション(21)　「仕組み」としてのコミュニケーション(22)
   コミュニケーションを語ることの「意義」(23)

　　　　　　　　　　　　　解説・コラム ──────24
　　　　コミュニケーションという言葉の多義性　「仕組み」として
　　　　のコミュニケーション　自明視された日常性

2 言語のコミュニケーション/身体のコミュニケーション …………26

1. 言葉を介したやり取り：バーバル・コミュニケーション ………26
   言葉の中心性/自明性(26)　規則としての言葉(27)　言語ゲーム(28)
   「自閉症」という孤独(29)

2. 言葉を介さないやり取り：ノンバーバル・コミュニケーション ……30
   日常の身ぶり/手ぶり(30)　効率性と情緒性(31)　ジェスチャーの
   文化的な違い(33)

3. コミュニケーションと意味 ………………………………………33
   意味共有としてのコミュニケーション(33)　他者の態度取得(34)
   運用としてのコミュニケーション(36)

　　　　　　　　　　　　　解説・コラム ──────37

5

身体表現の文化差　　ミードのコミュニケーション論　　言語行為論

3 精神のコミュニケーション/機械のコミュニケーション ……………39
  1. 「交わり」としてのコミュニケーション…………………………………39
      我と汝の関係(39)　　情緒・感情における「交わり」(40)　　コミュニケーションの分類(41)
  2. 応答/相互性とコミュニケーション………………………………………42
      応答と相互性の自明視(42)　　応答拒否の「無責任」(44)
  3. 「人間のような機械」とは何か……………………………………………46
      「道具としての機械」から「思考する機械」へ(46)　　機械における「人間らしさ」(47)　　「人間らしさ」とは何か(48)
  4. 「機械のような人間」とは何か……………………………………………49
      認知科学の人間観(49)　　人間/機械の境界の揺らぎ(50)

  　　　　　　　　　　　　　　解説・コラム　　　　　　　51
      我-汝関係/我-それ関係　　チューリング・テスト　　認知科学　　SFの世界における人間/機械の境界の揺らぎ

4 モノのコミュニケーション/イメージのコミュニケーション ……53
  1. 服飾・アクセサリーのコミュニケーション……………………………53
      どうして外見から相手を判断できるのか(53)　　服飾・アクセサリーが持つ「意味」(54)
  2. 記号としての「モノ」………………………………………………………56
      記号とは何か(56)　　「恣意性」と「示差性」(56)　　「記号」としての服やアクセサリー(57)　　メディアが作る「恣意性」と「示差性」(58)　　「モノ」によるコミュニケーション(59)
  3. イメージの共同体の可能性と課題 ………………………………………61
      「モノ」を理解しあう共同体(61)　　イメージの共同体とその外部(61)　　コミュニケーションの「エコノミー」(62)

  　　　　　　　　　　　　　　解説・コラム　　　　　　　64
      消費社会における記号としての「モノ」　　シニフィアン/シニフィエ、恣意性/示差性　　文化記号論　　共同体と「排除」の構造

5 自由のコミュニケーション/制約のコミュニケーション …………66
  1. 「らしさ」を変えるコミュニケーション…………………………………66

変わる「わたし」と「あなた」(66)　鏡に映る自己(67)　「私の謎」を解く鏡(68)　「自分らしさ」を変える(69)　社会を変えるコミュニケーション(70)

2. 「らしさ」を押し付けるコミュニケーション……………………………72

躾と「らしさ」(72)　期待される「らしさ」(73)　「社会化」という仕組み(73)　「役割」の遂行(74)　現状を維持するコミュニケーション(75)

3. 「らしさ」形成の両義性………………………………………………………76

「らしさ」の革新性と保守性(76)　「らしさ」をめぐる葛藤と闘争(76)

　　　　　　　　　　　　　　　解説・コラム　　　　　　78

「鏡に映る自己」　「私の謎」とコミュニケーション
「役割」と社会化　「らしさ」をめぐる闘争

〈第Ⅰ部　ブック・ガイド〉……………………………………………………79

第Ⅱ部　コミュニケーションの「現在」
どのように変わりつつあるのか

6　自己完結するコミュニケーション　対人関係の「希薄化」…………83

1. 「自分」へと向かうコミュニケーション………………………………83

自己中心的な人々(83)　自己完結するコミュニケーション(84)
ナルシシズムのための「鏡」(85)

2. 「モノ語りの人」のコミュニケーション………………………………86

モノ語り(86)　「モノ語り」の自己愛(87)　「モノ語りの人」の不安(88)

3. 「やさしい人」のコミュニケーション……………………………………89

「やさしい」若者(89)　「やさしさ」の自己愛(90)　予防としての「やさしさ」(91)　「やさしさ」の自己完結(93)

4. どうして「自分」へと向かうのか…………………………………………93

コミュニケーションは希薄化しているのか(93)　希薄化/喪失という言葉の限界(94)

　　　　　　　　　　　　　　　解説・コラム　　　　　　95

現代社会のナルシシズム　自己愛と「自分らしさ」　モノ語り/やさしさ　「希薄化/喪失」議論の落し穴

7　手段としてのコミュニケーション　自己イメージ操作の多層性…………97

1. 「手段」としてのコミュニケーション……………………………………97

　　　　　何かのための手段(97)　　戦略的コミュニケーション(98)　　「説得」
　　　　　という手段(99)

　2　イメージ操作としてのコミュニケーション……………………………100
　　　　　「らしさ」の操作(100)　　「鏡に映る自己」の操作(101)

　3　イメージ操作としての対人関係………………………………………101
　　　　　「自己目的」としてのイメージ操作(101)　　「儀礼」としてのイメージ
　　　　　操作(103)

　4　自己イメージ操作の快楽………………………………………………104
　　　　　イメージ操作の快楽(104)　　「自分らしさ」の発見(105)　　「文化」と
　　　　　してのイメージ操作(106)

　　　　　　　　　　　　　　　　　解説・コラム　　　　　　109
　　　　　コミュニケーションにおける目的と手段　　自己のイメージ操作
　　　　　儀礼とコミュニケーション　　イメージ操作と「私らしさ」

8　メディア依存するコミュニケーション

　　　　　「想像の共同体」とリアリティ……………………………………111

　1　対面コミュニケーション／メディアを介した
　　　コミュニケーション……………………………………………………111
　　　　　メディアを介したコミュニケーション(111)　　マスメディアの功罪
　　　　　(112)　　メディアを介することの自由と不自由(114)

　2　メディアによる媒介と「想像の共同体」……………………………116
　　　　　活字メディアと「読書する公衆」(116)　　映像／モノ・メディアと「消費す
　　　　　る大衆」(117)　　グローバル・メディアと「議論するネティズン」(119)

　3　メディアが作るリアリティ……………………………………………119
　　　　　メディアが作る世界(120)　　メディアで作る世界(122)　　リアル／バー
　　　　　チャルの揺らぎ(123)

　　　　　　　　　　　　　　　　　解説・コラム　　　　　　125
　　　　　「想像の共同体」　　「読書する公衆」から「消費する大衆」へ
　　　　　疑似環境　　ハイパーリアル

9　希求されるコミュニケーション　「ハマる」人々のゆくえ……………128

　1　「何かしらそれ以上」としての魅力……………………………………128
　　　　　打算を超えたもの(128)　　コミュニケーションの魅力(130)　　豊かな
　　　　　社会の「こころ」の問題(131)

2．人はどうして「ハマる」のか……………………………………132
　　　　　　自覚的に「ハマる」(133)　　「ハマる」ことで忘れる(134)　　「ハマる」ことで安心する(135)　　「ハマる」ことでつながる(136)

　　　3．コミュニケーションへの欲求のゆくえ……………………………137
　　　　　　コミュニケーション欲求の充たされ方(137)　　「ハマる」ことの可能性(139)

　　　　　　　　　　　　　　　　　　解説・コラム　　　　　141
　　　　　　コミュニケーションへのノスタルジー　　「豊かな」社会の「こころ」のゆくえ　　「ハマる」ことの日常化

　　　〈第Ⅱ部　ブック・ガイド〉…………………………………………142

第Ⅲ部　コミュニケーションの「不思議」
　　　　どのようにして「わたし」が生まれるのか

10　「わたし」をめぐるコミュニケーション　「自分らしさ」のゆくえ …146
　　　1．「わたし」とコミュニケーション……………………………………146
　　　　　　コミュニケーションのなかの「わたし」(146)　　探し求められる「わたし」(148)

　　　2．コミュニケーションの多元化と「わたし」の多様化………………149
　　　　　　その場ごとの「わたし」(149)　　メディアを介した「わたし」(151)　　「本当のわたし」はどこに(153)

　　　3．私の知らない「わたし」の魅惑と脅威……………………………154
　　　　　　秘密としての「わたし」(155)　　謎としての「わたし」(156)　　闇としての「わたし」(156)

　　　4．課題としての「わたし」………………………………………………158
　　　　　　「本当のわたし」の多様性(158)　　「自分探し」から見えてくるもの(159)

　　　　　　　　　　　　　　　　　　解説・コラム　　　　　160
　　　　　　現代社会での「役割」の多様化　　メディアを介して現われる「わたし」　　「自分探し」の流行と変化

11　恋愛をめぐるコミュニケーション　「わたし」の実現と消散………162
　　　1．「分かち合い」としての恋愛…………………………………………162
　　　　　　コミュニケーションの理想型(162)　　言葉/こころ/身体の「分かち合い」(163)

　　　2．理解としての恋愛：恋を育む………………………………………164

「自明」の共有(164)　　「秘密」の告白/「謎」の解明(165)　　「理解」
   のアイロニー(167)
  3. 誘惑としての恋愛：恋のゲーム ……………………………………167
   誘惑する/誘惑される快楽(167)　　「秘密」の演出/「謎」への投身(169)
   「自明」の拒否(170)
  4. 運命としての恋愛：恋は盲目 ………………………………………170
   訪れる出会い(170)　　「道ならぬ恋」(171)　　「闇」の共鳴/「わたし」
   の消散(172)
  5. コミュニケーションとしての恋愛の魅力 …………………………174
   恋愛の類型(174)　　恋愛の両義性(175)

   　　　　　　　　　　解説・コラム　　　　　　　175
   「恋愛」という関係　　親密圏での「純粋な関係性」　　「恋
   愛」と「わたし」

12 「公私」をめぐるコミュニケーション　「わたしの揺らぎ」 ……177
  1. 公の領域/私の領域 …………………………………………………177
   〈公〉＝オオヤケとは何か(177)　　〈私〉＝ワタクシとは何か(178)
   「公私」の違い(178)　　「公私」の両義性(179)
  2. コミュニケーションと「公私」 ……………………………………180
   「公私」の区分け(180)　　メディアによる「公私」の再編(181)
  3. 現代における「公私」の揺らぎ ……………………………………183
   〈私〉の肥大/〈公〉の縮小(183)　　〈公〉の私化(185)　　メディアに
   よる〈私〉化(186)　　「揺らぎ」の多元性(187)
  4. 「公私」の揺らぎと「わたし」 ……………………………………189
   「露出系」の人々(189)　　「つながり」のなかの「わたし」(191)

   　　　　　　　　　　解説・コラム　　　　　　　193
   「公私」をめぐるポリティックス　　肥大する〈私〉　　メディ
   アで「つながる」ことの意味

   〈第Ⅲ部　ブックガイド〉 ……………………………………………194
13 エピローグ　日常のなかのコミュニケーション ……………………196
   「正解」はない(197)　　それぞれの「答え」(197)　　他者への「応え」(198)

  あとがき ………………………………………………………………201

日常のなかの
　　コミュニケーション
　　　現代を生きる「わたし」のゆくえ

第 I 部 コミュニケーションの「仕組み」
どのように成り立っているのか

　第 I 部では、私たちが日常的に交わしているコミュニケーションが、どのような仕組みによって成立しているのかについて考えていきます。
　「2　言語のコミュニケーション/身体のコミュニケーション」では、私たちがコミュニケーションを交わすうえでもっとも重要に思われる「言語」について考えます。どうして「言葉」が相手とのあいだで通じるのか。そこにどんな「仕組み」があるのか。それが失われたとき、私たちはどんな困難に直面するのか。こうした問題を取り上げて議論を進めていきます。さらに、「言語」を用いないコミュニケーションはいかにして可能なのか。それは「言語」によるコミュニケ

ーションと、どこが同じでどこが違うのか。そうした「身体」を用いたコミュニケーションについても考えていきます。

「3　精神のコミュニケーション/機械のコミュニケーション」では、人間のコミュニケーションを特徴付ける「交わり」の意味について考えます。相手との「交わり」は、どのようにして生まれるのか。そこでは、コミュニケーションを通じてどのような関係が築かれているのか。こうした問いについて議論していくことで、「人間」のコミュニケーションと「機械」のコミュニケーションとの違いと、その境界の揺らぎを明らかにします。

「4　モノのコミュニケーション/イメージのコミュニケーション」では、服やアクセサリーなどのモノを用いたコミュニケーションが、どのような「仕組み」によって成り立っているのかを考えます。言葉や身ぶりではなく、モノを介して相手とやり取りするとは、どういうことなのでしょうか。そこでは、いったいなにが「分かち持たれ」ているのでしょうか。現代社会でそうしたコミュニケーションが増えているのは、どうしてなのでしょうか。こうした問題について考えていきます。

「5　自由のコミュニケーション/制約のコミュニケーション」では、コミュニケーションを相手と交わすことの意味を、「らしさ」との関連で論じていきます。コミュニケーションによって、私たちは「自分らしさ」を作り出しているのでしょうか。それとも「らしさ」を押し付けられているだけなのでしょうか。コミュニケーションはそもそも、私たちを自由にしてくれるのでしょうか。それとも縛り付けるのでしょうか。こうした「らしさ」と社会の変化をめぐる問題を取り上げます。

1

プロローグ
コミュニケーションとは何か？ 実践の「日常」と理論の「過剰」

はじめに

　本書では、「コミュニケーション」についていろいろな観点から考えていきます。その際に、ただ抽象的で理論的な話だけに終わらないよう、できるだけ身近な例を交えながら具体的に論じていきたいと思っています。なぜなら「コミュニケーション」という現象は、どこか遠くの世界のことや誰か他の人たちの事柄ではなく、まさに私たち自身の日常生活のなかで日々繰り返されているものだからです。別の言い方をすれば、身近な出来事としてコミュニケーションを感じ取り、それについて考えるきっかけを与えることができてはじめて、「コミュニケーション論」に何がしかの意味が生まれると思うからです。

　ですから、ここではプロローグ＝序言として、そもそも「コミュニケーション」という言葉を私たちはどのように使っているのか。その言葉にどのような意味を込めているのか。こうした「言葉の意味」から出発します。そして次に、そうした「コミュニケーション」が、日常の生活においてどのように実践されているのか。どうしてそれが可能なのかについて簡単に触れたあとで、そうした日常的に「あたりまえ」と看做されているコミュニケーションを、コミュニケーション論の名のもとで語ることが、そもそもどのような試みであるのか。そのことにどのような意義があるのか。こうした点について、問いを立ててみたいと思います。

　ここで、敢えて「問いを立てる」という表現を使うのには意味があります。それは、プロローグでの議論を通じて、読者のみなさんを後に続く各章での議

論へ誘うと同時に、あくまで「答えを出す」のではなく「問いを立てる」ことによって、各人に自分なりの考え方を持ちつつ、本書を読み進んでもらいたいからです。おそらく、おおくの人はこのプロローグを読んでも、なにかしら腑に落ちない、スッキリしない印象をお持ちになると思います。それで結構です。本書全体を読み終えたうえで、もう一度このプロローグを読み返したときに、「あぁ、そういうことか」とか「なぁーんだ、そんなことだったんだ」といった自分なりの感想や意見を、ひとりでもおおくの読者の方に持ってもらえることを望んでいます。

1.「コミュニケーション」という言葉で
　　私たちは何をイメージするのか？

日常語としてのコミュニケーション

　私たちは、コミュニケーションという言葉をかなり日常的に頻繁に使っています。例えば、「相手とのコミュニケーションが足りない」とか「あの人とはコミュニケーションを取るのが難しい」といった具合に。では、これらコミュニケーションという言葉の「定義」とは、どのようなものなのでしょうか。いまめしに辞書で「コミュニケーション」の項を引いてみると、「社会生活を営む人間の間に行なわれる知覚・感情・思考の伝達」とあります(『広辞苑』第四版)。

　たしかに、人と人とのあいだで、何事かを認識し（知覚）それに何らかの想いを抱き（感情）、さらにそれについて考えたこと（思考）を伝え合うことは、私たちがコミュニケーションという言葉で表現しようとすることを漏れなく表わしているように思われます。けれども、そうした内容を表わすのであれば、わざわざコミュニケーションという言葉を使わなくても、他の類似の言葉——例えば、情報伝達・通信・伝播・意思疎通といった言葉——で間に合うのではないかという素朴な疑問が生じてきます。ですが、ことさらコミュニケーションという言葉が好んで使われる場面では、やはり他の言葉にはない「コミュニケーション」に込められた独特の意味合いがあるのではないでしょうか。私た

ちは、そうした独自の語感を前提にコミュニケーションという言葉を使っているのではないでしょうか。

「ともに分かち持つもの」

　このことを考えていくうえで、コミュニケーションと語源的に近い類似概念を検討することが有効かと思います。例えば、コミュニケーション＝COMMUNICATION と関連した言葉としては、COMMUNITY＝共同体、COMMUNION＝宗教的・霊的交流、COMMON＝共通の・共用の、COMMUNE＝共同生活村などが挙げられます。言葉の表記をみれば明らかなように、ここでは共通する COMM の部分が、「ともに分かち持つこと」を意味しています。例えば、COMMUNITY＝共同体の場合であれば、生活の場をともにし文化やしきたりを同じくする人々の集まりですし、COMMUNION＝宗教的・霊的交流の場合であれば、俗世を超えた超越的な神とのあいだで霊的な関係が結ばれる＝「教えを分かち持つ」ことを意味します。とすると、COMMUNICATION の場合には、単に情報が伝達されるだけでなく、それを通じて「何かを分かち持つこと」が含意されていると理解することが適切なように思われます。つまり、単に「何かが伝わること」以上の意味合いがコミュニケーションという言葉には含まれているのです。
　こう考えると、先に例をあげたような、私たちが日常的な場面でコミュニケーションという言葉をわざわざ使うときに込められている意味合いも、いくらか明らかになるでしょう。ただ単に相手に情報を伝達したり、人々のあいだに情報を伝播させるだけではコミュニケーションとはいいません。情報の伝達や伝播にとどまらず、そこで「何事かが分かち持たれる」状態が生じてはじめて、コミュニケーションは成立するのです。

誰と誰とのあいだのコミュニケーション？

　このようにその語源を振り返ると、コミュニケーションという言葉が、単に情報が伝達されることだけでなく、言葉の話し手と聞き手、情報の送り手と受

け手とのあいだで、認識であれ感情であれ思考であれ、なにかしらが「ともに分かち持たれる」ことに重きを置いたものであることが確認されるのです。

それでは、このような「ともに分かち持つ」ことは、誰と誰とのあいだで為されるのでしょうか。もう少し具体的に言えば、そうしたコミュニケーションは人と人とのあいだ以外にも、例えば機械と機械のあいだで、さらには人と機械とのあいだでも成立するのでしょうか。実は、あとに続く第3章でも述べるように、この問題はコミュニケーションを考えていくうえでとても重要なポイントです。ですが、ここではそうした専門的な議論に立ち入る前に、私たちの日常的な感覚に照らして考えてみましょう。

例えば、「最近、コンピュータとのコミュニケーションが楽しい」とか「この端末とサーバーとのコミュニケーションがうまくいかない」といった発言を聞いたとき、おそらく私たちのおおくは違和感を感じることでしょう。なぜなら、いくら情報化社会とはいえ日常的な感覚ではいまだに、機械と人間とのあいだや機械と機械とのあいだでコミュニケーションが成立するとは考えられていないからです。そのことの理由は、先に述べた「ともに分かち持つこと」としてコミュニケーションが考えられている点を思い出せば、わかるでしょう。機械と人とのあいだで情報が伝達されることはおおいにあります。しかしながら、それは人と人とのあいだで「ともに分かち持つ」のとは根本的に違うことを、私たちは直感的に感じています。例えば、とても素晴しいライブを友達と一緒に観にいって感動することと、そのライブについての感想や募る想いを日記としてワープロに打ち込むのとでは、根本的に何かが違うのです。他者とのあいだで感動や興奮の「共感」はできても、機械とのあいだでそれはできません。実はこのことが、「ともに分かち持つ」こととと並ぶコミュニケーションという言葉のもう一つの側面を表わしています。それは、「人間的なもの」としてのコミュニケーションという側面です。

「人間的なもの」

このことも、私たちの日常的な言葉遣いを振り返れば確認できるのではない

でしょうか。最近のように、子供の非行や犯罪が頻繁に起きたり不登校が社会的な関心を集めると、これらの問題をめぐって「家族のあいだのコミュニケーションが大切だ」とか「最近は、親子のコミュニケーションが不足している」といったことが、しばしば新聞やテレビで報じられます。こうした状況認識の可否はとりあえず脇におくとして、ここでコミュニケーションという言葉にどのような期待や願望が込められているかについて、考えてみましょう。

　ここで言われるコミュニケーションが、「ともに分かち持つ」ことを含んでいることは明らかでしょう。親子がろくに口もきかなかったり、同じ家に暮らしながら子供たちが何をしているのかにも気付かないようなことがないように、両親は子供がどのような生活を学校や塾で送っているのか、どんな友達と遊んでいるのかについてきちんと子供とのあいだで情報の共有をせねばならない。そうした、いささかお節介とも思える教育的な提言がそこに読み取れます。しかし、そうした情報の共有が単なる事実の報告や無味乾燥な内容であるならば、そこにコミュニケーションが成立していると私たちは看做さないでしょう。例えば「今日、学校へ行った。一日中授業はつまらなかった。宿題をサボって塾の先生に叱られた。帰りにゲーセンで遊んだ」といった一日の報告を親が受けたところで（そこではたしかに情報はともに分かち持たれるでしょうが）、それをコミュニケーションと呼ぶ人はいないでしょう。どうして授業はつまらないのか。塾の先生に叱られてどんな気持ちだったか。ゲーセンで「バーチャファイター」をしていると、どうしてスカっとするのか。そうした子供が抱えている情緒的な問題について親と子供のあいだでなにかしらのやり取りが成立してはじめて（実際にはそうした交流は難しいのですが）、親子のコミュニケーションができたと人々は感じることでしょう。なにも親子の場合に限らず、同じ様なことは夫婦のコミュニケーションや友達のコミュニケーションにも当てはまると思います。

　つまり、コミュニケーションが成り立つためには、人間らしさを感じさせる情緒的なふれあい＝心の交流が不可欠なのです。そうした要素を欠いていては、人々のあいだでいくら何事かがともに分かち持たれていても、それをコミュニ

ケーションと看做すことに私たちは躊躇を感じてしまうのです。

　以上みてきたように、私たちがコミュニケーションという言葉を日常的にどのように使っているのかを振り返って考えてみると、大きく二つの特徴が浮かびあがります。一つ目は、コミュニケーションとは何かがともに分かち持たれることと密接な関係を持っていること。二つ目は、コミュニケーションという行為自体が、情緒的な人間らしさを含んでいること。別の言葉でいえば、それは一方において「情報伝達以上のこと」であり、他方ではなにかしら「人間らしいこと」です。つまり、コミュニケーションとは「なにかしらそれ以上のこと（SOMETHING MORE）」を魅力として伴っているのです。

2. コミュニケーションについて、どのように語ることができるのか？

出発点としての日常感覚

　もちろん、ここで試みているコミュニケーションの「定義付け」は、厳密な科学的手法に依ったものではありません。あくまで、私たちの日常的な感覚から出発したものです。ですが、そこではかなり的確に、コミュニケーションというものの「本質」が捉えられているようにも思えます。むしろ冒頭にも述べたように、コミュニケーションという現象そのものが、遠くの世界の誰かの問題ではなく身近な世界の私たちの問題であることを思い起こせば、日常的な語感から「コミュニケーションとはそもそもどのようなものなのか」を探りだす糸口を見出すことは、至極もっともな方法ではないでしょうか。

　本書では、この後に続く各章においてコミュニケーションを考えていくうえで、ここで明らかにした二つの特徴を議論の出発点にします。ですが、そのことはコミュニケーションという言葉に対する私たちの日常的な感覚＝語感を無前提に受け入れることを意味するのではありません。むしろ反対に、そうした日常的な感覚から出発しつつ、それを疑いのまなざしでとらえ直すこと。例えば「何かが分かち持たれる」ことがコミュニケーションの本質であるとして、

それは現代社会においてどのような仕方でなされているのか。各種メディアの発達は、そうした共有のありかたにどのような影響を与えているのか。また「情緒的で人間的な」側面がコミュニケーションを特徴付けるのだとして、そもそも「人間的なもの」とはどのようなものなのか。人工知能の試みに典型的なように、機械がますます「人間らしく」なっていく昨今の技術革新のなかで、「人間らしさ」はどのような条件に置かれているのだろうか。こうした問いについて考えていくうえで、ここで述べたコミュニケーションの二つの特徴を出発点とするわけです。つまり、「ともに分かち持つこと」と「人間的なもの」という二つの特徴はコミュニケーションの最終的な定義付けではなく、これから疑いのまなざしを持ってコミュニケーションを考えていくうえでの「疑問の出発点」にほかなりません。

「あたりまえ」としてのコミュニケーション

ここまでの議論では、語源分析と私たちが抱く日常的な語感とを手掛かりにして、「コミュニケーションとはそもそもどのようなものなのか」について考えてきました。ところで、私たちは日常生活においてコミュニケーションについてさして意識してはいません。たしかにあらたまって、コミュニケーションとは「ともに何かを分かち持つ」ことであり、おおくの場合それは「人間的なもの」であることを期待されていると指摘されれば、少なからぬ人々が「なるほど、そうでしょう」と頷いてくれるでしょう。

ですが即座に「でも、そんな理屈ぽいことを考えて私たちはコミュニケーションをしているわけではない」との反論も返ってくることでしょう。私自身の経験を振り返っても、おおくの場合、さして意識して自覚的に相手とのコミュニケーションを図っているわけではありません。不思議なことに、なぜかしらそれは「できてしまう」のです。むしろ、そうしたコミュニケーションに対して意識したり自覚するのは、何らかの事情で日頃うまくいっているコミュニケーションに問題が生じたり、破綻をきたしたときです。例えば、相手とのあいだで誤解が生まれたり、思わぬ結果を引き起こしたり、相手の言わんとするこ

とが理解できずこちらが当惑するときにはじめて、私たちはコミュニケーションについて考えるのではないでしょうか。

　その点では、私たちの日常生活におけるコミュニケーションはなかば自明視され、とりたてて疑ったり話題として論じる必要のない「あたりまえのこと」と看做されているのです。

「仕組み」としてのコミュニケーション

　しかしながら、だからといってコミュニケーションについて考えたり語ったりすること＝「コミュニケーション論」に意味がないわけではありません（もしそうならば、この本自体の存在価値がなくなってしまいます）。そこには、とても大きな意義があると私は考えます。なぜなら「あたりまえ」のことは、なんらかの社会・文化的な「仕組み」によって成り立っており、その「仕組み」を解明することは、大変に価値のあることだと考えられるからです。

　例えば、私たちは「言葉」をきわめて日常的に、ときには空気のように感じています。それは多くの人々にとって、喋れて「あたりまえ」と考えられています（実際にはそうではありません）。ですが、どのような言葉であれ、それは文法を持った体系のなかにおいてはじめて意味を持ちます（この点については第2章で触れます）。その証拠に、共通の言葉や文法を分かち持たない人々のあいだでは、その言葉は「あたりまえのこと」として機能しません。たとえ、自分ひとりが「正しい言葉」を話していても、その言葉を理解する相手がほかにひとりもいなければ、その言葉はそもそも言葉として機能しないのです。外国などに出かければ、日常さして気にもとめない言葉の「あたりまえ」が、いかに特定の社会・文化的な仕組みによって成り立っているかを身をもって知ることができるでしょう。

　こうした「仕組み」について知ることは、それなりに面白いことに違いありません。なぜなら比喩的にいえば、それは日常生活において「見えないもの」を「見えるようにする」ことにほかならないからです。顕微鏡という装置を通して自然界を観察することによって、肉眼では見ることのできない微細な世界

を手にとるように「見る」ことができるのと同様に、コミュニケーション論という装置を身につけて社会を眺めることで、これまでとは違った世界が目の前に現われてくるかもしれません。そうした可視化の働き＝「見えないものを見えるようにする」は、きっと私たちの知的な好奇心を充たしてくれることでしょう。あたりまえとされ自明視された日常世界を違った風に眺めることができるようになる。そのこと自体、ひとつの楽しみであると私は感じています。

　それと同時に、社会や文化の「仕組み」は、ときとして排除や抑圧といった権力関係を伴ってもいます。先の例に引き付けていえば、ある「言葉」は他の言葉よりも「優れている／望ましい」と考えられています。教育などを通じて方言ではなく標準語を喋ることをなかば強制したり、数多くある「外国語」のなかから、特定の言葉だけが学習や習得の対象とされることなどに、そうした排除や抑圧の側面を見て取ることができるでしょう。こうした力関係は、日常的にコミュニケーションが交わされているあいだは、さして意識されることはありません。ですが、そうした日常の「あたりまえ」を通じて排除や抑圧は正当化され、さらに再生産されていくのです。可視化の働き＝「見えないものを見えるようにする」は、こうした権力関係に対する私たちの注意と感受性を高めてくれることでしょう。つまり、「見えないもの」を「見える」ようにすることで、そこに潜む社会・文化的な「仕組み」の問題点を明らかにし、それをすこしでもましなものへと変革していくことが期待されるのです。

コミュニケーションを語ることの「意義」

　これまでみてきたように、コミュニケーションは私たちの日常において「あたりまえ」のこととして、ごくごく自然に交わされています。それが問題視されたり、ことさら関心の対象になるのは、なんらかの事情でコミュニケーションがうまくいかなくなったときに限られます。

　こうしたことを踏まえると、人々が自明視している事柄を敢えて論じようとするコミュニケーション論は、ある意味で「過剰な試み」であるともいえるでしょう。ですが、その「過剰」には大いに意味があるのです。第一に「見えな

いものを見えるようにする」可視化の働きは、社会や文化に対する私たちの知的好奇心を充たしてくれるに違いありません。第二に、そうした可視化の働きによって「あたりまえ」とされた日常性に潜む力関係を明らかにできれば、より良い社会に向けての方策を摑むことができるに違いありません。

このように、自身が生きる世界に対する私たちの視野を広げ、それをより良いものへと作り変えていくヒントを得るうえで、コミュニケーション論には大きな可能性が潜んでいると私は考えています。もちろん、その可能性の中身はひとつではありません。コミュニケーションについて考える人ごとに、具体的なビジョンは異なってくることでしょう。

このプロローグでは、「コミュニケーションとはそもそもどのようなものか」という問いについて、私たちの日常感覚を大切にしつつ考えてきました。そのうえで、複雑に思われるコミュニケーションが日常において至極「あたりまえ」のこととして実践されているのを確認しました。そうした日常の自明性とは対照的に「過剰に」コミュニケーションを問題視しようとするコミュニケーション論には、一体どのような意義と目的があるのかについても述べました。

ここで論じたコミュニケーションならびにコミュニケーション論に対する基本的な考え方を前提としたうえで、以下の各章ではそれぞれのテーマごとに話を進めていきます。

解説・コラム

コミュニケーションという言葉の多義性 レイモンド・ウィリアムズによれば、コミュニケーションという用語の現代的な意味での使用は、15世紀の英語に見られる。そもそもは「共通の」を意味するラテン語COMMUNICATIONEMから派生したものであり、「多くの人に知らせる、報知する」といった行動を指していた。15世紀後期から、衆知されたもの＝伝達事項を表わすようになった。さらに17世紀後期から「伝達の手段」へと意味が拡大された。新聞や放送のような媒体を意味するようになったのは、20世紀になっ

てからのことであり、同世紀中頃になって、そうした用法（例えば、通信産業 COMMUNICATION INDUSTRY）が定着した。(レイモンド・ウィリアムズ『キイワード辞典』岡崎康一訳、晶文社、1980年)

「仕組み」としてのコミュニケーション　自然の世界とは異なり、社会の世界はそこに生きる人々に共有されたルールや規則に基づいて成り立っている。例えば、自然の世界における法則としての万有引力は、私たちの意識や行動とは無関係に存在するが、社会の世界における規則である「コミュニケーション」は、社会メンバーがそのルールを了解し、またそれに則って相互行為が交わされてはじめて、社会を統合する規則として機能する。その点で、社会や文化におけるコミュニケーションは、一定の「仕組み」として理解することができる。それらは、けっして自動的に自然なこととして作動しているわけではない。

自明視された日常性　私たちは、日頃のありふれた生活において、多くのことを「あたりまえ」と看做し、さしたる疑問も抱かずに生きている。しかしながら、そうした「あたりまえ」はなんらの働きかけもなしに成立しているのではない。現象学的社会学が明らかにしてきたように、行為者たちがコミュニケーションを通じて、なにかしらの事柄を互いに「自明なもの」と看做すことによってはじめて、社会的世界における自明性は保証される。つまり、日常性に対する疑念を構造的に排除し、もしそれが問われた場合には首尾一貫した説明を提供できるような「意味システム」に支えられることによって、私たちの日常は自明なものとして保持されるのである。(ピーター・バーガー、トーマス・ルックマン『日常世界の構成』山口節郎訳、新曜社、1980年)

設問

1. 私たちが日常での会話において、「コミュニケーション」という言葉を「何かしらそれ以上のもの」という意味で用いている場合について、具体的に述べなさい。

2. 私たちは日常生活のなかで、どのような場合に「コミュニケーション」についてとりわけ意識するだろうか。具体例をあげて述べなさい。

3. 私たちは「コミュニケーションを語ること」によって、どんなことを期待できるだろうか。

2

言語のコミュニケーション/
身体のコミュニケーション

　人と人とのあいだで、何かが「ともに分かち持たれる」ことがコミュニケーションです。そうした場合、そのような共有は、なにに媒介されて成り立っているのでしょうか。どのような方法で、私たちは他者とのあいだに何事かを分かち持つことができるのでしょうか。そこにはコミュニケーションを成り立たしめる「仕組み」が潜んでいるに違いありません。

　本章では、人と人との媒介という点に注目しつつ、言葉を用いたコミュニケーション（バーバル・コミュニケーション）と言葉を用いないコミュニケーション（ノンバーバル・コミュニケーション）の共通性と違いについて考えていきます。

1. 言葉を介したやり取り：バーバル・コミュニケーション

言葉の中心性/自明性

　コミュニケーションについて考えるとき、私たちはおおくの場合「言葉を用いたやり取り」をイメージしているのではないでしょうか。人間と他の動物との決定的な違いとして、唯一「言葉を喋る動物」といわれるように、言葉を用いることは私たち人間にとって最大の特徴です。そうした点を踏まえれば、コミュニケーションのおおくが「言葉」を用いて交わされることは、至極当然のことです。

　ところで、こうした人間の最大の特徴でもある「言葉」は、日常の生活においてさして意識されているわけではありません。私たちは、ごくごく「あたりまえ」のこととして言葉を話したり/聞いたり/書いたりしています。もし、とりわけ言葉について意識したり考えることがあるとすれば、それはなにかしら

「問題」が生じたとき、例えば同じ言葉を話さない外国人に出会ったりしたときに限られます。要するに、言葉はコミュニケーションを実践していくうえで中心的な位置を占めているのですが、同時にそれは自明視されてもいるのです。

しかしながら、私たちが互いに「言葉」を話すことができる、つまり言葉を介してコミュニケーションを図ることができるという事実は、大変に興味深いものです。もし仮にそれができなかったら、社会自体が成り立たなくなってしまうことでしょう。では「言葉」を話すことは、どのような「仕組み」で成り立っているのでしょうか。

規則としての言葉

「言葉」の定義は多様ですが、ここではまず議論の出発点として「規則」として言葉や言語を理解することにします。規則とは、一定の約束ごとに基づいて、人間の行為を制御していくものです。例えば、交通規則は、人々が車を運転する際に、従わねばならない一連の約束ごとです。そうした規則がなければ、皆が好き勝手に車を走らせることになり、大混乱が起きてしまうでしょう。これと同じように、言葉も皆が好き勝手に使っていたのでは、なんら意味をなしません。単語であれ文法であれ、言葉の使い方に関する一定の約束ごとがあってはじめて、私たちは言葉を用いて相手とやり取りできるのです。こうした「規則としての言語」は、あまりに当り前のこととして私たちに受け入れられているので、その規則性について意識化することは難しいかもしれません。ですが、以下のような状況を想定してみると、言葉の規則性について具体的なイメージがわくのではないでしょうか。

相手の話す言葉が分からないもの同士、ここでは仮に日本語を話す私が、英語を話す相手とやり取りする場合について考えてみましょう。二人はお互いに意図や考えをうまく伝えることができません。なぜなら、それぞれの言語（日本語と英語）を喋れはしても、相手の話す言葉と自分の話す言葉とを対応させる規則＝「翻訳の規則」がふたりのあいだに成立していないからです。例えば、私が「大学はどこですか？」と尋ねても、相手は「大学」「どこ」といった言

葉の意味が分からないので、いったい何を質問されているのか皆目見当も付きません。私の身なりや手ぶりをみて「この学生らしき人物は、大学へ行こうとしているのだな」と相手が推察できたとしても、今度は「It is in front of the church, which is a half mile away from here」との返事が、私にはチンプンカンプンです。ここでコミュニケーションが成立するためには、少なくともどちらかが、日本語と英語を一方から他方へ翻訳する規則を知っていなければなりません。たとえ片言であれ、大学＝University、教会＝Church といった言葉の対応ができなければ、そもそも言葉を介してのやり取りは難しいのです。

　私たちは子供のころから、家庭や学校で親や先生から「言葉」を教わるなかで、自然とその言語の規則性を覚えていきます。小学校で「読み書き」の授業が重視されるのも、規則としての「言葉」を子供たちに身に付けさせることが、教育にとって何よりも大切だからにほかなりません。

　ですが、しばしば日本の外国語教育の問題として指摘されるように、「読み書き」だけができても、言葉を介してコミュニケーションが図れるとはいえません。例えば、英語で書かれた文章を読むことができ英語で話された内容を聞き取れたとしても、自分が英語で話すことができなければ、実際に相手と英語を用いてコミュニケーションするのは難しいでしょう。つまり、単語や文法規則をいくらたくさん知っている（読み書き能力に優れている）からといって、そのことは流暢に話すこととは別の能力なのです。

　こうした点を考えると、言葉の規則はただ単に覚えるだけでこと足りるものでないことが明らかになります。交通規則と同じように、実際の場面で実践できてはじめて、言葉の規則を身につけたといえるのです。

言語ゲーム

　言葉は規則として理解できます。ですが、そうした規則を単に知っているだけでは不十分です。実際の場面で自由に使えてこそ、規則を身に付けたといえるのです。考えてみれば、私たちは相手に向かって言葉を喋るとき、その言語体系や文法を意識しているとは限りません。むしろ逆に、なかば無意識に用い

ることができてはじめて、「言葉が喋れる」と看做される場合が少なくないでしょう。このように考えると、規則を「知っている」ことと規則を「用いる」こととは、大きく違うのです。

　言語哲学者のヴィトゲンシュタイン（L. Wittgenstein, 1889-1951）は、「言語ゲーム」という考え方から、こうした違いを明らかにしようとしました。彼によれば、日常において言葉を用いることは、ある種の「ゲーム」に参加するようなものです。そこでは、ゲームの規則の内容自体を知っていることよりも、どのように規則に従うかが分かっていることが重要です。つまり、ゲームの規則について「なにが（what）」ではなく「いかに（how）」を知っていることが、ゲームへの参加条件として求められるのです。

　またゲームというからには、その規則が私ひとりのものではなく、他のゲーム参加者たち＝「みんな」に共有されたものであることが不可欠です。ですから、私のひとりよがりではなく他者とのあいだで「分かち持たれ」た規則となることではじめて、言葉は意味を持つのです。ヴィトゲンシュタインはこうした言語ゲームの考え方にもとづき、「私的な言語」や「個人的にルールに従うこと」の可能性を否定しました。

　私たちが日常的に交わしている言葉が「他者とのあいだに共有された規則として実践されている」という事実は、あまりに「あたりまえ」のことかも知れません。先にも述べたように、私たちは日頃、そうした規則性やゲーム性について考えることはありません。ですが、こうした言葉の特徴は、私たちがコミュニケーションを通じて他者と関わりを持つうえで決定的な位置を占めています。言葉が「自分だけのもの」となり他者と一緒の言語ゲームに参加できないとき、私たちは社会との結び付きを失ってしまうのです。

「自閉症」という孤独

　「自閉症」と診断される子供たちは、自らの世界にこもり、親であれ誰であれ「他者」と接することに非常に困難を生じます。気をつけねばならないことは、こうした「自閉症」の子供たちが抱える苦しみは、私たちがしばしば軽率

に「僕って、自閉症なんだよね」とか「最近、わたし自閉気味なんです」というのとは、根本的に異なっている点です。日常的にいわれる自閉は、他者や社会と関わりが持てることを前提としたうえで（その証拠に、こうした人々は「自閉していること」を相手に自己申告するではありませんか！）、一時的に「自分の世界に引きこもる」ことを意味するに過ぎません。それは他人との面倒を避けたり気分の落ち込みを和らげるための、なかば意図的な行為です。ですが、精神の病である「自閉症」では、自分以外の外界との接点を築くことが、そもそも困難なのです。その結果「自閉する」以外に手だてがないのです。

「自閉症」患者たちは知能自体に問題があるわけではありません。患者のなかには、非常に論理的かつ規則的な記号を書き連ねることができる人がいます。そうした記号は、いわば彼/彼女だけの「言葉」なのです。そこには一貫した規則性があるに違いありません。ですが、そうした規則は「他者」とのあいだで共有されることはありません。このことが、「自閉症」の子供たちとコミュニケーションを図ることを困難にしています。私たちは「自閉症」の子供たちと言語ゲームの規則を共有することができないのです。

こうした「自閉症」における他者との関わりを欠いた孤独な世界を考えると、言語ゲームとして「ともに言葉を喋る」ことが、「わたし」と「あなた」の結びつきから成る社会を、いかに根本において支えているかが明らかになることでしょう。

2. 言葉を介さないやり取り：ノンバーバル・コミュニケーション

日常の身ぶり/手ぶり

ここまでの議論で、私たちのコミュニケーションのおおくが、言葉を介してなされることを確認しました。ですが、日常の営みを振り返ってみると、私たちはそうしたバーバル・コミュニケーションと同時に、言葉を用いないコミュニケーションも実践していることが明らかになります。

例えば、あなたが大学の講義に出席していると想像してください。静かな教室のなかで、友達と話すことはできません。ですが、どうしてもこの授業の後

で友達と一緒にお昼を食べにいく約束をしたいとします。あなたはどうするでしょうか。こうした場合に、身ぶりや手ぶりがおおいに役立ちます。あなたが右手で箸を持つ格好をして学生食堂の方を指させば、それを見た友達はおそらく「ああ、お昼を食べに行こうとの誘いだな」と分かります。もし相手が、親指だけを立て他の指を丸めて拳を肩の高さまであげれば、それはOKのサインです。顔の前で手を左右に数回振るしぐさをすれば、それは駄目を意味します。こうしたやり取りは言葉を用いていませんが、立派なコミュニケーションとして成り立っています。私は自分の要求を相手に伝え、相手はそれへの返事を返しているからです。

　こうした身ぶりや手ぶりで相手と意思の疎通を図ることが、ノンバーバル・コミュニケーションと呼ばれる行為です。考えてみれば、私たちは日常的に実に多彩なノンバーバル・コミュニケーションを実践しています。路上で怪しげなキャッチセールスに遭遇したとき、私たちは相手の顔を見ることなく手のひらを相手に向けて二三度小刻みに振ります。それは「結構です、要りません」との拒絶の表示にほかなりません。狭い道路で対向車が道を譲ってくれたときは、指を少しひらいて手のひらを相手に見える高さまであげます。それは「どうも有難う」のサインです。このように身ぶりや手ぶりは、言葉が使えないときに私たちが行なう「言葉を介さないコミュニケーション」の典型です。

効率性と情緒性

　しかし、私たちは言葉が使えないときにだけ、ノンバーバル・コミュニケーションを行なっているわけでもなさそうです。例えば、直接あって人と話すときでも、私たちは言葉を喋りながらさまざまな「しぐさ」を交えています。両手を大きく広げたり、腕組みをしたり、鼻や口に手をやったり、目を大きくしたり細めたり。このように、言葉だけでなく表情やジェスチャーを用いて相手とコミュニケーションを図ることは、むしろ「あたりまえ」のことに思われます。

　では、どうして私たちは言葉だけでなくジェスチャーを使うのでしょうか。

ジェスチャーが加わることで、コミュニケーションはどのように変わるのでしょうか。

まず考えられることは、ノンバーバル・コミュニケーションを交えることで、自分が伝えたいことをより正確に相手に分かってもらおうとするからです。例えば、釣りにいって大きな獲物を逃したとします。それがどれほど大きく立派な魚であったかを相手に伝える場合、言葉だけでやり取りしていたのでは正確に伝わりません。「ほんとうに、大きかった」という無念の言葉に対して、「どのくらい大きかったの」と相手が尋ねたとき、両手を肩幅くらい広げて「このくらい」と答えれば、おそらく相手は実際の魚の大きさをイメージすることができるでしょう。さらに、両手で大きさを示した後、肩をすくめてみせれば無念さもより正確に伝わることでしょう。このように身ぶりや手ぶりは、より正確にコミュニケーションを図るうえで有効なのです。

ですが、ノンバーバルの効用はそれだけでもなさそうです。例えば、感動的な体験をしたとき——仮に素晴しいライブを観にいったとしましょう——私たちはその感動をどうにかして相手に伝えようとします。そうしたとき言葉が限界を持つことは、誰もが経験することではないでしょうか。言葉で語ってしまうと、どうしても体験の「リアルさ」が薄れてしまうのです。だからこそ、いかにそのライブが素晴しかったか。自分はどれほど感動したか。こうした情緒的な思いを伝えるために、さまざまなノンバーバル・コミュニケーションが図られているのではないでしょうか。身ぶり/手ぶりでライブの状況を再現しながら、私が自分の熱い思いを目を輝かせ表情豊かに語るとき、そこでは体験の「リアルさ」を相手に共感してもらうことが目指されているのです。

このようにノンバーバル・コミュニケーションは、一方で言葉によるコミュニケーションをより正確に伝えるために用いられ、他方で言葉ではなかなか表現できない喜びや怒りといった情緒を、相手にリアルなものと感じさせるために使われています。いずれにせよ、そうした言葉によらないコミュニケーションのおかげで、私たちの日常的な他者とのやり取りがより豊かなものになっていることは間違いありません。

ジェスチャーの文化的な違い

　身ぶりや手ぶりといったノンバーバル・コミュニケーションは、どの社会にもあるものですが、それが意味することは同じなのでしょうか。首をタテにふればイエス／ヨコにふればノーといった身ぶりは、どの社会でも同じように思われますが、実際にはそうではありません。また、同じ手ぶりが、文化ごとに違った意味を表わすこともあります。良く知られた例では、親指と人さし指で輪を作るジェスチャーは、文化によってOK、お金、無価値、侮蔑と異なる意味を持ちます。つまり、身ぶりや手ぶりは、文化ごとに違った意味で用いられているのです。

　こうした文化的な違いが、異文化のあいだのコミュニケーションに障害をもたらすことがあります。こちら側が親愛の気持ちを込めてしたジェスチャーが、相手に不快なものと受け取られることがないとは限りません。身体表現を用いたノンバーバル・コミュニケーションは、言葉の通じない相手同士がやり取りをするうえで有効なものですが、そうした身ぶりや手ぶりの文化的な違いを十分に認識しないと思わぬ誤解を引き起こすことになりかねません。こうした点を考えると、バーバル・コミュニケーションと同様にノンバーバル・コミュニケーションも、一定の規則に従っていることが確認されます。言葉を用いない身体表現やジェスチャーは、なにも人間の生得的な本能にのみ基づいているのではなく、それぞれの社会ごとに「文化的な約束ごと」として交わされているのです。

3. コミュニケーションと意味

意味共有としてのコミュニケーション

　ここまでの議論で、バーバルであれノンバーバルであれ、コミュニケーションは何らかの規則に従うかたちで実践されていることを明らかにしました。言語ゲームとして「ともにルールに従う」ことで、コミュニケーションははじめて成立するのです。それでは、このように規則としてコミュニケーションを実践することで、「わたし」と「あなた」とのあいだに何が生じているのでしょ

うか。ともに規則に従うことで、私たちになにがもたらされるのでしょうか。

　こうした問題を考えていくうえで、「意味」が最重要な位置を占めています。言葉を例にした場合、規則に従い単語を用いたり文を構成することによって、私とあなたとのあいだに「共有された意味世界」が形成されます。つまり、ある単語や文が、私とあなたとのあいだで──さらに可能性としては社会に生きる皆のあいだで──「同じ意味」を持つようになるのです。その結果、言葉を介した相互のやり取りのなかで、私とあなたとのあいだで「意味」がともに分かち持たれることになるのです。

　このように考えると、「ともに分かち持つ」ことの結果生じるものが、なにかしらの「意味」であることが確認されます。認識であれ思考であれ情緒であれそれが分かち持たれることで、人々のあいだに「意味ある世界」が生まれるのです。

　こうした「意味ある世界」は、私たちの日常生活において自明視されています。例えば、「今日は天気がいいね」とか「明日、みんなで映画にいこうよ」といったありふれたコミュニケーションを友達と交わすとき、その言葉によって意味されていることが、私と友達とで違うのではないか。同じ言葉を喋りながら、全然違うことを意味しているのではないか。こうした不安を私たちが抱くことは、実際には滅多にありません。なぜなら、明確な根拠がなくとも、日常的に交わされている「言葉」は誰にとっても「同じ意味」を持っていると、私たちは当り前に信じているからです。ですが、こうした素朴な信頼が成立するためには、やはりなにかしらの「仕組み」が働いてるのではないでしょうか。

他者の態度取得

　どのようにして、コミュニケーションよって「意味ある世界」が形成されるのか。この問題について、社会心理学者ミード（G. H. Mead, 1863-1931）の理論を手がかりに考えていきましょう。ミードは、人間のコミュニケーションを論じるうえで、「他者の態度取得」に注目します。「他者の態度取得」とは、一方の行為者が、あたかも自分のものであるかのように、相手の態度を自らのうち

に取り入れることを指しています。ミードによれば、私たちは「他者の態度取得」を本能的に行なっているのです。

　ここで、なにか無理な注文を相手にする場合のことを考えてみましょう。実際に相手に言葉で伝える前に、私たちは「相手がどのように感じるか/反応するか」を予期することができます。なぜなら、あたかも相手の身になって、これから自分が「言おうとしていること」を聞くことができるからです。考えてみれば、こうした他者への「共感」が持てるということは、大変に不思議なことです。私たちは、他の動物に対してこのような感覚を持つことはありません。あくまで、人間同士のあいだでのみ「態度取得」は交わされているのです。

　ミードは、この点にこそ人間コミュニケーションの最大の特徴があると考えました。「態度取得」によって他者の立場から「自分」を捉えることができる。その結果、相互行為過程での「自分の働きかけ」を相手がどう受け止めるかを、私は想像的に知ることができるのです。別の言葉でいえば、自分自身が発した言葉や身ぶりや手ぶりに対して、相手がするのと同じように「反応」することが、私たちには可能なのです。だからこそ先の例で述べたように、実際の働きかけに先んじて、自分の頭のなかで相手の反応を感じ取ったり予期できるのです（ミードはこれを、自己のなかでの相互行為のリハーサルと呼んでいます）。このように、相手に対してのみならず自分自身に対しても「反応」を引き起こす言葉を、ミードは「有意味シンボル」と名付けました。それが「有意味（意味ある）」なのは、私とあなたの双方に対して同一の反応を引き起こすからにほかなりません。

　このように「他者の態度取得」ができるからこそ、コミュニケーションを通じた「意味の共有」が可能なのです。互いに相手の立場に立って自らの発言や行ないに「反応」するからこそ、自分が発した言葉やジェスチャーが二人のあいだで「同じこと」を表わすようになるのです。こうした「他者の態度取得」によって、人間が交わすコミュニケーションは他の動物行動とは根本的に違ったものになっています。おおくの動物が、外部刺激に対する反応の繰り返しをするに過ぎないのに対して、「有意味シンボル」を用いる人間は自分が相手に

2　言語のコミュニケーション　　35

加える刺激＝働きかけに自らが反応することによって、「意味ある世界」を作り上げていくことができるのです。ミードは、そうした人々のコミュニケーションを通じて形成される意味世界を「ユニバース・オブ・ディスコース（universe of discourse）」と呼びました。

運用としてのコミュニケーション

　ここまでの議論で、バーバルであれノンバーバルであれコミュニケーションが成立するためには、「意味」が必要であることを確認しました。言うまでもありませんが、この場合の「意味」は私だけのものではありません。あなたとのあいだで「ともに分かち持たれ」てはじめて、言葉であれジェスチャーであれ「有意味シンボル」は「意味を持つ」のです。「意味」は私やあなたの「心のなか」にあらかじめ存在するのではなく、コミュニケーションを通じた他者とのやり取りのなかで生成されるのです。

　このことは、コミュニケーションが単なる知識や情報として人々に所有されるものではなく、あくまで「運用（実際に用いる）」されるものだということを再認識させます。こうしたコミュニケーションの運用によって、私たちは他者とのあいだで社会的な関係を築いていくのです。

　言語と人間との関係を探究する「言語行為論」という考え方がありますが、そこでは「言葉を使うこと」は「何かをすること」であると看做されます。例えば、「明日、午後にご自宅に伺います」という発言は、単に事実や意図を述べているのではありません。そうした発言によって、「明日行きます」という約束が交わされているのです。これに対して相手が「申し訳ないが、午前中にしてくれ」と応えたとき、そこでは「午前中に来てくれ」との依頼が為されています。つまり、言葉を用いることで「約束する」や「依頼する」という行為が遂行されているのです。

　このように言葉を喋ることによって「何かをする」ことは、私たちの日常的なコミュニケーションでは「あたりまえ」に実践されています。「おはようございます」と挨拶する、「分かりました」と了解する、「至急、届けるように」

と命令する、などなど。日常的な言語運用において、私たちは「言葉を使うこと」で相手とのあいだで「何かをして」いるのです。そうした行為遂行によって、両者のあいだで社会的な関係（先の例であれば、自宅の訪問/への招待）が生み出されます。このようにコミュニケーションを運用するとは、相手とのあいだでなにかしらの「行為」を遂行することにほかならないのです。

解説・コラム

身体表現の文化差　人間の身体表現——ジェスチャー、表情、しぐさなど——については、文化人類学・動物行動学・プロクセミックスなどにおいて研究が積み重ねられてきた。それらの知見が語るところによれば、人間の身体表現には普遍的な部分（相手に対する好感の表われとしての瞳孔の拡大など）と同時に、文化ごとに特殊なものがある。その点で、身体表現は文化・社会的に形成されるものといえる。(D. モリス『マンウォッチング』藤田統訳、小学館、1980年、E. ホール『かくれた次元』日高敏隆・佐藤信行訳、みすず書房、1970年)

ミードのコミュニケーション論　G. H. ミードは、プラグマティズムの立場から人間のコミュニケーションについて考察を加えた。彼は「他者の態度取得」という観点から、人間は相互行為をする際に、自分が発する言葉やジェスチャーに対して自分自身で反応することを明らかにした。こうした態度取得によって、行為者のあいだで「有意味シンボル」を交わすことが可能になる。ミードのコミュニケーション論の特徴は、刺激―反応図式からではなく「意味」の観点から人間行動を捉えることで、相互行為における創発性を明らかにした点である。ミード理論は、その後の H. ブルーマーの「シンボリック相互作用論」や J. ハーバーマスの「コミュニケーション的行為理論」などのコミュニケーション論に大きな影響を与えた。(G. H. ミード『精神・自我・社会』稲葉三千男ほか訳、青木書店、1973年)

言語行為論　J. オースティンによって提唱され、J. サールが発展させた人間と言語についての理論。「言葉を話すこと」を「何かを為すこと」と看做す点が特徴的である。言語行為論では、発話について考える際に、命題内容部分（何が言われているか）と行為遂行部分（何が為されているか）とを分析的に分けて論じる。例えば、「そこの窓を開けてくれませんか」との発話は、「窓を開ける」という命題内容と、窓を開けてくれるよう「頼む」という行為遂行部分とから成り立つものと看做される。ハーバーマス

は、こうした言語行為論の考え方を発展させ、発話において妥当性要求（真理性/適切性/誠実性）が掲げられていると看做した。例えば、「今日は、天気が悪い」との発話については真理性（ほんとうに天気が良いのか悪いのか）に関わる妥当性が問題とされるのに対して、「私は心から悲しんでいる」との発話については誠実性（ほんとうに悲しんでいるかないのか）が問われる。こうした言語行為論の発想は、コミュニケーションを「運用」として理解するうえできわめて重要である。(J. オースティン『言語と行為』坂本百大訳、大修館書房、1978年。J. サール『言語行為』坂本百大・土屋俊訳、勁草書房、1986年、J. ハーバーマス『コミュニケイション的行為の理論』中、藤沢ほか訳、未来社、1986年)

設問

1. 「規則としての言葉」が相手とのあいだで共有されないとき、私たちはどのような困難に見舞われるだろうか。具体的な状況を想定して述べなさい。

2. 私たちは、日常生活のどのような場面において、ジェスチャーの有効性を感じるだろうか。それは、言語を用いたコミュニケーションと、どのような点で異なっているのだろうか。

3. 私たちはどのようなときに、相手とのあいだで分かち持たれた「意味ある世界」の存在を疑うのだろうか。そうした疑いは、どのようにして解消されるのだろうか。

3

精神のコミュニケーション/
機械のコミュニケーション

　これまで繰り返し述べてきたように、コミュニケーションとは何かをともに分かち持つ人間的な行為です。本章では、そうしたコミュニケーションの特徴を「交わり」という点から考えていきます。どのような時に、私たちはコミュニケーションを通じて相手と「交わる」ことができるのか。そうした相互の交流を支えている「仕組み」とは何なのか。さらに、そうした「交わり」としてのコミュニケーションは、機械と人間とのあいだで果たして成立するのだろうか。これらの問いについて、考えていきましょう。

1. 「交わり」としてのコミュニケーション

我と汝の関係

　コミュニケーションという言葉には、ただ単に情報が伝達されるのではなく「何かが共有される」ことが含まれています。さらに、それが「人間的」であることがコミュニケーションの特徴です。ここでは「交わり」という観点から、そうした「人間的な共有」について考えてみます。

　神学者のマルティン・ブーバー (M. Buber, 1878-1965) は、神と人との関係を念頭に置きながら、私たちが他者と取り結ぶ関係を「我―汝関係」と「我―それ関係」とに分けています。前者は、超越的な神の導きによって「わたし」と「あなた」が、ともに掛替えのない個人として出会う=交わる関係です。それに対して後者は、自分以外の人々をあたかも物のように看做し、都合よく利用しようとする関係です。ブーバーは、現代社会では「我―それ関係」がますます強くなり「我―汝関係」が少なくなりつつあることを、独自の視点から批判

的に述べました。

　こうしたブーバーの議論は、コミュニケーションについて考えていくうえでとても示唆的です。なぜなら「我―汝関係」とは人と人との「交わり」を表わしたものにほかならず、ここで問題とする「人間的な共有」と密接な関係を持っていると思われるからです。

　情緒・感情における「交わり」
　それでは、どのような場合に私たちは他者とのあいだに「交わり」を感じるのでしょうか。ブーバーは神に媒介された関係として「我―汝関係」を論じていますが、ここではそれを、より世俗的なものとして捉え直してみましょう。
　私たちは、相手とのあいだで認識や思考が共有されるだけでは「交わり」を感じることはありません。ともに同じ情報を持ち同じような考え方をしていても、それは情報伝達以上ではあっても「人間らしさ」を感じ取るに十分ではないのです。
　例えば、同じ大学に通い、同じ講義を受けている学生のあいだには、自然と「情報の共有」が生まれます。授業の内容について話をしたり、クラスの友達について喋ったりすることは、たしかにコミュニケーションと看做されます。ですが、そのようにして話題が共有されるだけでは、私たちは相手との「交わり」や「交流」を感じません。そうした認識や思考の次元だけでなく、より情緒的・感情的な面においても何かが分かち持たれたときに、私たちは「交わり」を実感するのではないでしょうか。
　例えば、授業でとても難しいグループワークの課題が出たとします。皆で力を合わせてその課題に取り組んでいく過程で、意見の違いや対立も生まれることでしょう。自分の意見を主張するあまり、ときには感情的になってしまうかもしれません。それぞれの個性や価値観の違いが浮きぼりにされ、侃々諤々の激論の末にようやく課題をまとめることができたとしましょう。こうした体験のなかで、グループワークに参加した学生はそれなりの達成感や充実感を味わうはずです。それは、課題をやり遂げた自分自身への誇りであると同時に、皆

で成し遂げたことへの喜びに違いありません。こうした集団体験のなかで相手との情緒的な「交わり」が、たとえすかではあれ実感されるのではないでしょうか。つまり、そこで得られる満足感は、単に問題を解決した（課題を片付けた）ことだけでなく、そのなかで他人との情緒的・感情的な共感が得られた（苦労して一緒に課題を成し遂げた）ことに起因しているのです。

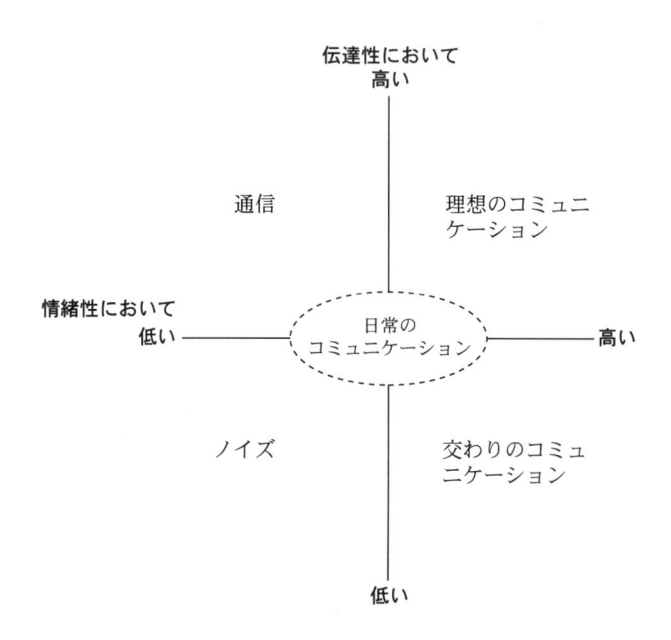

コミュニケーションの分類

このように「交わり」を、私たちが行なうコミュニケーションのなかでも、より情緒や感情を強く志向したものと理解すると、図3-1のように分類できます。

「日常のコミュニケーション」は伝達性と情緒性の双方を含みますが、その程度は中くらいと看做されます。それに対して、ここで考えている「交わりの

```
                 伝達性において
                    高い
                     │
          通信       │   理想のコミュニ
                     │   ケーション
                     │
情緒性において       ╱‾‾‾‾‾‾╲
  低い ──────────( 日常の  )────── 高い
                   ( コミュニ )
                    ╲ケーション╱
                     │
          ノイズ     │   交わりのコミュ
                     │   ニケーション
                     │
                    低い
```

図 3-1　コミュニケーションの分類

コミュニケーション」は伝達性は低いけれど情緒性において高く、他方、正確な情報のやり取りを目的とする「通信」は伝達性において高く情緒性は低いとされます。そして、伝達性と情緒性の両方において高いものが「理想のコミュニケーション」とされるのです。伝達においても情緒においても低い場合は「ノイズ」です。もちろん、これはひとつの図式ですから、実際の私たちのコミュニケーションは、それぞれの要素が入り交じったものになっていることでしょう。ですから、この図式は（後の各章での図も同様ですが）唯一絶対のものではなく、ひとつの見取図として理解してください。この図から、「交わり」がコミュニケーション全般においてどのような位置を占めているのかが分かれば、それで十分です。

2．応答/相互性とコミュニケーション

さて、コミュニケーションにおいて「交わり」が感じられるためには、相手からの反応が不可欠です。先の例でいえば、いくら私が自分の感情も交えて意見を述べたり自己主張しても、相手がそれに応える気がなければ「交わり」は生まれません。当り前のことですが、相互のやり取りのなかではじめて、私と相手とのあいだに「交わり」が成立するのです。それはブーバーのいう「我と汝」の関係に近いものでしょう。

こうした相手からの反応は、私たちの日常生活においてなかば「あたりまえ」のこととして自明視されています。ですが、コミュニケーションが「人間的なもの」として交わされるうえで、さらにそこで「交わり」が感じ取られるうえで、相手の反応は中心的な位置を占めています。逆にいえば、そうした反応が返されないとき、コミュニケーションは破綻してしまうのです。このことについて、「応答 (response)」と「相互性 (interactivity)」の面から考えていきましょう。

応答と相互性の自明視

「応答」とは、一方からの働きかけに対して他方が、どのようなかたちであ

れ反応を返すことを意味します。もちろん、この場合の「応答」とは、「わたし」が言ったことや為したことに対する「あなた」の肯定だけを意味するのではありません。疑問を呈したり反対したり反発することも「応答」のひとつのあり方です。普段のコミュニケーションにおいて、私たちはそうした「応答」が返されるであろうことを素朴に予期しています。

　例えば、あなたがイメージチェンジを狙って髪の毛の色を変えたとします。「母親はこの髪の毛の色について、どういうだろうか」とか「かの女は、この色を気に入ってくれるだろうか」といった他人からの「応答」を、あなたは予期し期待するはずです。もちろん、そうした予想が外れることもあるでしょう。茶色くなった髪を見て怒るだろうと思っていた母親が意外にも褒めてくれたり、反対に気に入ってくれると期待していたかの女の不評を買うこともあるかもしれません。しかしながら、たとえその内容が予想外だったとしても、相手から何らかの「応答」が為されること自体を疑うことは、そう滅多にないでしょう。つまり、私たちは日頃のコミュニケーションにおいて、相手からの「応答」を暗黙の前提にしているのです。別の言葉でいえば、こちらから何らかの「働きかけ」をすればそれに「応える」ものとして、私たちは相手をイメージしているのです。

　こうした「応答」への暗黙の期待は、「わたし」から「あなた」に対してだけなされるのではありません。「あなた」から「わたし」に対しても、同様な期待が持たれています。そこでは、あなたからの「働きかけ」に対して、わたしは何らかの「受け応え」をする存在と看做されているのです。つまり「応答」は、コミュニケーションを交わす人々のあいだで相互に予期されています。その結果として、コミュニケーションは一方通行ではなく双方向として成り立つのです。私が働きかける→あなたが応える／私に働きかける→私が応える／あなたに働きかける。こういう具合に、コミュニケーションは相互に交わされていくのです。

応答拒否の「無責任」

　私たちは日常のコミュニケーションにおいて、「応答」と「相互性」を自明なことと看做しています。いわば、自分からの働きかけに対して相手は応えてくれると期待しているのです。ですが、こうした予期や期待が裏切られることがないとは限りません。素朴に前提視されている「応答」が拒否されたとき、私たちはとても傷付くと同時に深い孤独を感じます。それは、あたかも他者とのあいだで作り上げられる関係性＝社会から、自分ひとりが取り残され除外されたような気分を味わうことにほかなりません。

　例えば、最近社会問題と化している「いじめ」を考えてみた場合にも、そこではこうした「応答」の拒否がなされているのではないでしょうか。相手を言葉で傷つけたり身体に危害を加える「いじめ」と並んで、おおくの場合に為されることは、「いじめ」の標的に選ばれた人物に対する徹底的な無視＝「しかと」です。ここでの議論に即していえば、そうした「いじめ」は、特定の個人をコミュニケーションの相手と看做さないこと、つまりその人に対して「働きかけ」も「受け応え」もしないことにほかなりません。このような「応答」の拒否は、コミュニケーションという観点からみたとき、もっとも「非人間的な」行為であるといえるでしょう。なぜなら、意見の違いや個人の多様性を前提としたうえで、そうした差異を押しつぶすのではなく相互のやり取りを通じて共存の道を探っていくことが「人間的な」コミュニケーションなのですが、「応答」を拒否することは、そもそもそうした可能性を否定してしまうからです。別の言葉でいえば、そこでは相手を、ともにコミュニケーションを図っていく「人間」として認めていないわけです。

　相手に対して「応答する」用意があることを、英語ではRESPONSIVEと表現します。これは「責任を果たす」＝RESPONSIBLEと密接な関係を持つ言葉です。それゆえ「応答しない」こと＝IR-RESPONSIVEは、責任を取らない／無責任な行為＝IR-RESPOSIBLEにほかならないのです。こうした言葉の連関からも、人と人とのコミュニケーションにおいて「応答」をしないことが、相手に対していかに暴力的であるのかが分かるでしょう。相手の言うこ

とに異議を唱えたり、それを非難したり、また場合によっては誹謗するときですら、そこにはなにかしらの「応答」が為され、相互性が保持されています（言葉による喧嘩は立派なコミュニケーションです）。そうしたやり取りのなかで、対立や軋轢が明らかになるかもしれません。しかし、相手を「人間」＝コミュニケーションの相手と認める態度は、そこではまだ失われていません。しかしながら、そうした対立や軋轢のはてに、そもそも相手への「応答」を拒否してしまうとき、非人間的な暴力が立ち現われるのではないでしょうか。今日まで繰り返し続く国家間の戦争や地域紛争には、そうした非人間性の爆発＝コミュニケーション自体の放棄を垣間みる思いがします。

　以上のように考えると、「応答」と「相互性」は人と人とがコミュニケーションを図っていくうえで不可欠の要素といえます。そうした「応答」や「相互性」を放棄することは、「いじめ」や「戦争」に典型的に表われているように、きわめて非人間的な行為なのです。ですから、日常生活において素朴に前提視されている「応答」と「相互性」は、コミュニケーションが「人間的なもの」であることを保証しているともいえます。だからこそ、何かの理由で相手に「応答」を期待することができず「相互性」が生まれないとき、私たちは相手との関係に「人間らしさ」を感じることが難しくなるのです。
　例えば、鬱病を患っている患者さんは、ときとしてこちらからの呼びかけに「応えて」くれません。もちろん、それは意地悪や悪意でそうしているのではなく、本人にもどうしようもないほどの鬱状態のために、日常的な「応答」のやり取りが困難になってしまっているのです。こうした相手に遭遇するとき、私たちはある種の違和感を禁じえません。その人が、以前から見知っている親しい人であるなら、なおさらのことです。私たちは、あたかもその人が全くの別人になってしまったように感じ、さらにはその人の「人間らしさ」が希薄化しているような印象を持つかもしれません。その理由は、日頃「あたりまえ」とされている「応答」と「相互性」が成り立たなくなっているからにほかなりません。

3　精神のコミュニケーション／機械のコミュニケーション

ところで、こうした「応答」と「相互性」は、人間同士のあいだでのみ成立するものなのでしょうか。人間と機械とのあいだに、そうした「応答」や「相互性」が生まれることはないのでしょうか。次にそうした「人間らしさ」と「機械らしさ」の問題について、見ていくことにしましょう。

3．「人間のような機械」とは何か

「道具としての機械」から「思考する機械」へ

　伝統的な考え方では、機械はあくまで人間が使う道具と看做されています。つまり、機械自体は意思や知性を持って行動したり感情を発揮したりすることはありえないと考えられていたのです。しかしながら、感情はともかく知性や意思を持った機械を作り出そうとする試みは、人工知能研究において進められ、それなりの成果を遂げてきました（もちろん、人間そのものと同じ機械はまだ作り出されていませんが）。ここでの関心との関わりでいうと、これまでのように人とのあいだで情報を伝達するだけではなく、なんらかの「交わり」をもたらすような機械が生みだされるのか。こうした問いを、人工知能研究は投げかけているように思われます。ここでは、「人間のような機械」とはどのようなものなのか。それは、実際の「人間」とどのような点において異なるのか。こういった問題をコミュニケーションとの関連で考えていきます。

　「機械は知性を持つことができるか？」。数学者アラン・チューリング（A. Turing, 1912-54）は、ある実験によってそのことを証明しようとしました。チューリング・テストとして知られるその実験は、以下のようなものです。被験者は、それぞれ部屋のなかに入った二人の相手に文字で質問し、相手は被験者に返事を返します。こちらから相手の姿は見えません。実はこの二人のうち、一方は人間で他方は機械です。二人の相手とのやり取りの結果、被験者がどちらが人間でありどちらが機械であるのかを判別できないとき（つまり同じくらいの頻度で人間と機械を間違えるとき）、機械は「知性」を持つとチューリングは考えたのです。要するにチューリング・テストは、機械がいかに「人間らしく」振る舞うことができるのか。そして、いかに人間を欺くことができるのかを調べ

るものと理解できます。興味深いことに、それは「知性とは何か」とか「考えるとは何か」という人間的な行為についての定義から出発するのではなく、人（この場合被験者）が相手（この場合機械）を「人間である＝機械ではない」と感じるならば、その機械は知性を持つと想定している点です。

機械における「人間らしさ」

　現時点で、このチューリング・テストを完全にパスする機械は現われていません。ですが重要なことは、このテスト自体の妥当性ではなく、そこに見られる基本的な発想です。なぜなら、先に述べた「応答」と「相互性」の問題がここに表われているからです。人はどのようなときに、機械を人間と間違えるのでしょうか。おそらく、こちらからの働きかけに機械が適切に「応答」し「相互性」が感じ取られたとき、私たちはその機械をあたかも「人間のように」感じるのではないでしょうか。とすると、チューリング・テストが計ろうとしていることは、コミュニケーションにおける「人間らしさ」であるともいえます。つまり、いかにうまく「応答」を返し、人間とのあいだに「相互性」を成立させることができるのか。このことが、「道具としての機械」と「思考する機械」とを分けるメルクマールなのです。

　さて、このようにチューリング・テストをコミュニケーションにおける「応答」と「相互性」に引き付けて考えていくと、「人間らしさ」について面白いことが見えてくるのではないでしょうか。先にも述べたように、完璧にチューリング・テストをパスするような機械＝「人間と区別できない機械」は、今は存在しません。ですが、ある程度であれば「人間らしい」機械は、私たちの日常にすでに現われています。銀行のキャッシュ・ディスペンサーは、こちらからの要求に対して音声と文字を使って親切に「応答」してくれます。テレビゲーム（とりわけRPG系）をしていくなかで、そこにある種の「相互性」を感じる人はけっして少なくないでしょう。もちろん、私たちはそうした機械を「人間」と見誤ることはありません。機械と知ったうえで、その便利さを利用したり面白さを楽しんでいるのです。ですが同時に、そこになにかしらの「人間ら

しさ」を感じ取っていることも、また事実ではないでしょうか。

「人間らしさ」とは何か

　チューリング・テストで夢見られたもの。それは、人と同じように「思考」する「知性」を持った機械にほかなりません。人工知能研究は、そうした「人間のような機械」を作ることを目指してきましたが、その試みは、現在大きな壁に突き当たっているといわれます。ですが、ここで考えたいことは、そうした人工知能研究そのものの当否ではなく、「人間のような機械」を夢見るなかで、逆説的に照らし出される「人間らしさ」のゆくえです。そもそも「人間らしさ」とは何なのでしょうか。どのようなときに、私たちはそれを実感するのでしょうか。

　ここまでの議論で、「応答」と「相互性」という面から「人間らしさ」を考えてきました。つまり、コミュニケーションを図っていくうえで、不自然さを相手に感じさせることなく「応答」ができ「相互性」を築き上げることができる。このことが、相手に「人間らしさ」を感じるうえで不可欠であることを確認しました。だからこそ、精神を病んでいるために「応答」がうまくできない人に対して、同じ人間であることを重々承知していながら、私たちは「人間らしさ」の欠如を感じてしまうし、たとえ機械であっても心地よく「応答」を返し「相互性」が成り立つ場合には、機械であると知りつつも「人間らしさ」を感じ取るのです。

　このように考えると、コミュニケーションをめぐる「人間らしさ」は、甚だ不確かなものにも思えてきます。なぜなら「人間らしさ」とは、確固たる実体（例えば、全てのヒト種に共通する遺伝子）として存在すのではなく、あくまで私たちが相手とやり取りするうえで体感したり実感するものに過ぎないからです。ですが、そのように不確かなものであるにも拘わらず、コミュニケーションにおいて「人間らしさ」は中心的な位置を占めている。こうした奇妙な点にこそ、コミュニケーションの不思議と魅惑が潜んでいるのです。

　「人間のような機械」を目指したチューリングの試みから、私たちはコミュ

ニケーションにおける「人間らしさ」とはそもそも何なのか、を考えることができました。次に、同じ問題を逆の方向から考える糸口を得るために、「機械のような人間」を想定する科学の試みについて論じます。

4.「機械のような人間」とは何か

認知科学の人間観

　20世紀の革命的な知的動向のひとつとされる認知科学の試みは、人々の認知活動一般を科学的に解明しようとするものです。それは従来の心理学、哲学、言語学、コンピュータ科学の知見を踏まえた学際的な学問として注目を集めてきました。ここで問題とする「人間らしさ」との関連でいえば、認知科学では感情や情緒も含めた「人間らしさ」を、あくまで科学的に解明しようとする点に特徴があります。つまり、「人間らしさ」をなにかしら神秘的なもの/解明不可能なものと捉えるのではなく、合理的かつ科学的に説明しようとするのです。こうした人間観は、私たちの知的諸活動をつかさどる脳を「高性能なコンピュータ」と看做す点に、端的に現われています。要するに、認知科学において「人間」は、機械＝コンピュータとのアナロジーにおいて語られ、その点で「機械のようなもの」として位置付けられているのです。このような考え方は、これまでに文学や哲学が「不可思議なもの」として人間を語ってきたことと、大きく異なっています。

　こうした現代の先端科学における「人間」観の変化は、私たちの日常的な感覚にも影響を与えています。例えば、「人のこころはどこにありますか」と尋ねられた子供は、かつてであれば自分の胸＝心臓に手を当てたはずです（少なくとも私自身はそうでした）。ですが、脳科学や認知科学が進歩した現在では、少なからぬ子供が自分の頭＝脳を指差すかもしれません。

　こうした人間観や生命観の変化が、「人の死」をめぐる論争と密接に関連していることは、改めていうまでもないでしょう。脳死を「人の死」と認める立場、さらに脳死した人体の一部を他の人間に移植すること（脳死臓器移植）を推進する立場は、認知科学に代表されるような「人間」観とどこかで繋がってい

るように思えます。つまり、私たちの「人間らしさ」は「高精度な脳」によって保証されているのだから、脳の機能が停止（脳死）してしまったら、その人体はたとえ心臓が機能し血が通っていても、もはや「人間」ではない。ゆえに、臓器の移植は倫理的に正当化される。例えていえば、CPUが壊れてしまえば、その他の部品が正常でもコンピュータとして役には立たない。だから、その他の使える部品は別のコンピュータに応用すればいい。いささか乱暴な言い方かもしれませんが、このように「機械のような」ものとして脳や身体を捉える人間観が、最近の先端科学において支配的になっているのではないでしょうか。

　こうした「機械のように」人間＝脳を理解する認知科学の発想は、先に論じた人工知能とは逆の方向から「人間らしさ」を問い直すものと理解できます。つまり、「人間のような」機械を作り上げようとすることで、そもそも「人間らしさ」とは何かがテーマとして浮かび上がるのと同様に、「機械のように」人間を解明しようとするなかから、「人間らしさ」に対する根本的な問いかけが生まれてくるのです。人の感情や心がコンピュータと同じく科学的に解明できるならば、機械とは異なる「人間」の独自性として、一体なにが残るのでしょうか。そこでは、機械＝コンピュータと人＝脳との違いは、程度の差としてしか考えられなくなってしまうことでしょう。

人間/機械の境界の揺らぎ

　ここでみてきたように、一方で「人間のような」機械が作り出され、他方で「機械のように」人間が理解されることによって、従来は疑われることなどなかった人間/機械の境界が揺らいできているのではないでしょうか。かつて「人間らしさ」とは「機械とは違う」と素朴に信じることができました。ですが、機械がますます「人間らしく」なることによって、「機械とは違う」ことが必ずしも「人間らしさ」の存在証明には成りえなくなっています。それはなにも、先端科学・技術の分野においてだけではなく、私たちの日常生活においても垣間みられます。「たまごっち」や「ファービー」、さらには「シーマン」といった電子ペットが流行する背景には、そうした機械が持つ「人間らしさ」

を楽しむ現代人のメンタリティが潜んでいるに違いありません。また、「スピード」に代表される若者をねらった覚醒剤や中高年層に向けた「バイアグラ」のような精力強壮剤がもてはやされる裏には、自分の身体をあたかも「機械のように」コントロールするという快楽の高まりが見出せます。

　これまでコミュニケーションは、人間と機械を峻別するメルクマールとして機能してきました。それは「人間らしさ」を保証するものと看做されていたのです。しかしながら、その境界は大きく揺らいできています。そうした時代変化のなかで、コミュニケーションにおける「人間らしさ」とは何かが、いま改めて問われているのです。

解説・コラム

我―汝関係/我―それ関係　マルティン・ブーバーが論じた、私たちが世界と関わるときの二つの根本的に異なる態度。「我―汝」の関係において人々は全人格を傾けて相手と接するが、「我―それ」関係では人格の一部のみで打算的に相手と関わろうとする。我―汝関係は「交わり」としてのコミュニケーションであり、我―それ関係は戦略的なコミュニケーションであるといえる。（マルティン・ブーバー『孤独と愛』野口啓祐訳、創文社、1958年）

チューリング・テスト　アラン・チューリングが1950年の論文「計算機械と知能」において提示した、機械の知性を計るためのイミテーション・ゲーム。人間の質問に対し機械がどのように応えるのかを判断材料として、「考える機械」の可能性を探ろうとするもの

である。

認知科学　人の心理過程を探究するさいに、刺激に対する反応のみを重視する従来の行動主義に対する批判に基づき、心のなかの情報処理過程を総合的に解明しようとする学問。心理学のみならず、言語学、哲学、コンピュータ科学などとの協同を通じて、新たな学際的研究領域を作り上げた。

SFの世界における人間/機械の境界の揺らぎ　サイエンス・フィクションの世界では、しばしば人間と機械との境界が曖昧になるさまが、想像力ゆたかに描かれている。例えば、ウィリアム・ギブスンの『ニューロマンサー』では、電子ネットワークと直結された人の脳内の世界（サイバースペース）が物語の舞台とされている。またアーノル

ド・シュワルツェネッガー主演の『ターミネータII』では、人間そっくりに作られたロボットが、少年とのふれあいのなかで「感情」を抱くようになるさまが描かれている。こうしたSFの世界は、私たちが生きる世界において「人間」と「機械」の境界が揺らいでいることを、巧みに描き出している。

設問

1. 「交わり」としてのコミュニケーションは、現代社会のどのような場面で充たされているだろうか。

2. どのようなときに、私たちは機械に「人間らしさ」を感じるのだろうか。コンピュータとの関係を例として、具体的に述べなさい。

3. 人間/機械の境界が揺らいできている事例として、どのような事態を考えることができるだろうか。「身体」をめぐる諸問題との関連において述べなさい。

4

モノのコミュニケーション/
イメージのコミュニケーション

　私たちは言葉や身ぶりだけでなく、服装や身につけるアクセサリーを用いて他者とのあいだでコミュニケーションを図っています。こうしたコミュニケーションは、どのような「仕組み」で成り立っているのでしょうか。本章では「記号」という視点から、「モノによるコミュニケーション」について考えていきます。

1. 服飾・アクセサリーのコミュニケーション

どうして外見から相手を判断できるのか

　今あなたが、通りを歩いている全く見ず知らずの人を見かけたとします。「あの人はどのような人物なのだろうか？」。こうした好奇心を抱くことは、私たちの日常においてけっして珍しくありません。そして面白いことに、私たちはその相手と身ぶりや手ぶりを交わしたり言葉を喋ることをせずとも、おおよそ「どのような人」なのかを推測することができます。なぜなら、その人の髪形や服装、さらには身につけているアクセサリーなどから、学生なのか/社会人なのか、真面目な人なのか/遊び人なのか、仕事中なのか/オフなのか、といった判断を即座に下しているからです。

　例えば、地味目の背広に茶色の革の鞄を携え、短く刈込んだ髪型をしていれば、おそらく相手は「セールスマン」だろう。とても派手なボディコン系の服に身をまとい、金で統一したアクセサリーをこれ見よがしに付けていれば、おそらくその人は「水商売系」に違いない。定版のジーンズとラフなTシャツ、それに流行のスニーカーを履いていれば、おそらく今どきの「大学生」ではな

いか。こうした具合に、私たちは見ず知らずの相手が何者であるかを「外見」から判断しているのです。もちろん、こうした予想が大いに裏切られることも珍しくありません。長髪にグラサンできめたミュージシャン風の人物が実は堅い職業に就いていたということも、ないとはいえないのです。

ですが、ここで重要なことは、当たるか外れるかはともかく、相手の外見からその人物が何者であるのかを、私たちはある程度判断できるという事実です。どうして、そのようなことが可能なのでしょうか。その理由は、服やアクセサリーを用いて私たちがある種のコミュニケーションを行なっているからにほかなりません。つまり、服やアクセサリーといった「外見」は、他者に対してなんらかのメッセージを送っており、そのメッセージを私たちはかなり正確に解読することができるのです。こうしたことは、私たちの日常生活において、なかば「あたりまえ」のことです。ことさら「どうしてそのようなことができるのか」について考えたりはしないでしょう。しかしながら、少し考えてみるとそこには、色々な「仕組み」が潜んでいることが明らかになります。

服装・アクセサリーが持つ「意味」

身にまとっている服やアクセサリーが「その人が何者であるのか」を表わすためには、そうした装飾品が持つ「意味」が、身につけている当人だけでなく相手にも共有されていなければなりません。例えば、セールスマンが、顧客に信頼と好感を持ってもらうために上品なスーツを着たとしても、もしも相手がそうしたスーツが「意味すること」を全く知らなかったならば、セールスマンの目論見はうまくいかないでしょう。上品なスーツが「セールスマンらしい」服装として機能し、実際の取り引きを進めていくうえで有効に作用するためには、そうしたスーツが持つ「意味」＝「堅気の信頼に足る人物の服装」が売り手と買い手とのあいだで「ともに分かち持たれて」いなければならないのです。このことから、服を着たりアクセサリーを身につけることが、ひとつのコミュニケーションであることが明らかになるでしょう。言葉や身ぶりが交わされることがなくとも、そこにはなにかしらの「意味」が行為者のあいだでともに分

かち持たれているのです。

　私たちの日頃の生活を振り返って考えてみた場合に、こうした服やアクセサリーといった外見によるコミュニケーションは、言葉によるコミュニケーションに負けず劣らず重要な位置を占めていることが分かります。

　例えば、大学の新入生としてキャンパスライフをはじめた当初のことを思い出してみましょう。まわりの学生のおおくは見知らぬ人々です。何か話してみたいのだけれど、どう話して良いかわからない。いったい、どのような共通の話題があるのか分からない。こうした経験は、新たな環境に遭遇したとき、誰もが味わうことではないでしょうか。そうしたときに、私たちは相手の「外見」を、話しかける/話しかけない、友達になりたい/友達になりたくないといった判断の基準にしているように思われます。自分と同じようなファッションをしている人ならば、話題も合うだろうし趣味も似ているだろう。そう考えて、私たちは思いきって話しかけてみるかもしれません。それに対して、全然違うファッションセンスの持ち主で、どう考えても興味対象が違っていそうな相手には、こちらから積極的に声を掛けることはないでしょう。つまり外見から、自分と相手との「近さ」や「遠さ」を私たちは計っているのです。

　このように人々の「外見」は、他者とのあいだに「意味の共有」を作り上げている点でコミュニケーションのひとつです。そうしたコミュニケーションは、とりわけ初対面のように相手について具体的なことを何も知らない（相手がどのような素性の人なのか何も分からない）状況において、私たちが相手についてなにかしらを知るうえで貴重な情報源となっているのです。よく世間では「人を外見で判断してはいけない」といわれます。けれども、実際の社会生活において私たちはしばしば「外見」で他人を判断してしまいます。そして、そのことは必ずしも悪い面ばかりではないように思われます。なぜなら、さまざまな相手と接しなければならない現代社会での生活において、「外見」で人を判断することが全くできないとなれば、私たちのおおくは大変な困難を感じるに違いないからです。

2. 記号としての「モノ」

記号とは何か

　ここまでの議論で、私たちが服やアクセサリーを用いてコミュニケーションをしていることを確認しました。ところで、どうして言葉やジェスチャーではなく装飾品によって「意味を共有する」ことができるのでしょうか。次に、「記号」という点からそのことについて考えていきます。

　現代社会において、服はただ単に身体をカバーしたり暑さ寒さに対処するための手段ではありません（もちろん、そうした機能も果たしていますが）。むしろ、ファッションとして服を着ることは、自分らしさの表現や自己アピールとしての面を強く持っています。ブランド・イメージという言葉が端的に表現しているように、さまざまな服はその機能面だけでなく、それが醸し出す雰囲気やイメージによって私たちを惹き付けているのです。では、どうして服やアクセサリーが何らかのイメージを表現することができるのでしょうか。「記号論」という考え方によりながら、その点について考えてみます。

　記号とはなんでしょうか。辞書をみると「一定の事柄を指し示すために用いる知覚の対象物。言語・文字などがその代表的なもので、交通信号のようなものから高度の象徴まで含まれる」とあります（『広辞苑』第四版）。つまり、記号とは何事か他のものを表わす標（しるし）と理解して差し支えないでしょう。ですが、この説明だけでは、服やアクセサリーが「記号」とどう関係するのかは、いまひとつよく分かりません。さらに辞書をみてみると、「ソシュールによれば、能記または記号表現（シニフィアン）と所記または記号内容（シニフィエ）の両面を具えた言語単位」とあります。あまりに専門用語ばかりで、これだけの説明ではいったいなんのことかさっぱり分かりません。ですが「記号」と服飾を考えていくうえのヒントが、実はここにたくさん含まれています。

「恣意性」と「示差性」

　ソシュール（F. de. Saussure, 1857-1913）は、スイスの名高い言語学者です。彼

の言語理論の特徴は、言葉＝記号を記号表現と記号内容の両面からなるものと看做したことにあります。例えば、日本語の「犬」という単語は、「イヌ」という音声で表現されるもの（記号表現）と「人に飼われているワンワンと鳴く可愛らしい動物」（記号内容）との結び付きから成り立っています。ソシュールは、こうした言語表現と言語内容との結び付きは「恣意的」であると看做しました。つまり、「人に飼われているワンワンと鳴く可愛らしい動物」を「イヌ」と呼ぶ必然性は、実はまったくないのです。極端にいえば、それを「ヌイ」と呼ぼうと「ヌヌ」といおうと、理論的には構いません（実際にはそうしたことは起こりませんが）。その証拠に、同じ「人に飼われているワンワンと鳴く可愛らしい動物」を英語ではDOGと表現するではありませんか。

　こうした記号の「恣意性」とともに、ソシュールは「示差性」についても触れています。示差性とは、それぞれの記号内容に対応する記号表現が互いに異なっていることを意味します。日本語では「人に飼われているワンワンと鳴く可愛らしい動物」を「イヌ」と呼び、「人に飼われているニャーニャーと鳴く可愛らしい動物」は「ネコ」と呼ばれます。この場合も、理論的には「ネネ」でも「ココ」でも構わないのですが、必要なことは「イヌ」とは違っていることです。なぜなら、どちらも「イヌ」であったり、どちらも「ネコ」であったりすると、「人に飼われているワンワンと鳴く可愛らしい動物」と「人に飼われているニャーニャーと鳴く可愛らしい動物」とを言葉において区別することができなくなってしまうからです。こうした言語表現における互いの違いが、ソシュールのいう言語の「示差性」にほかなりません。

「記号」としての服やアクセサリー

　さて、このようにソシュール言語学に依りつつ「記号」について考えてくると、服やアクセサリーがどのように「記号」と関係しているのかが、いくらか明らかになってきます。ソシュール的な考え方を、単に言語だけでなく、より広く人間の文化現象一般に応用しようとする「記号論」（文化記号論といわれることもあります）では、服飾品を文化的な「記号」として理解します。つまり、服

はそれ自体の機能においてだけでなく、その他のものを「記号表現」として表わしているのです。その場合の「記号内容」こそが、ファッションにおいて重視されるイメージや雰囲気にほかなりません。例えば、ナイキやアディダスといったブランドの服や靴は、アメリカ的な「スポーティさ」や「ストリート・ファッション性」を意味するでしょうし、ルイ・ヴィトンやフェラガモのバッグは、ヨーロッパ的な「高級感」や「洗練さ」を表わしていると思われます。

このように「記号」として機能している服やアクセサリーを、ここでは「モノ」と表現することにします。これまでの議論から分かるように、「モノ」は単に機能性だけからなる「もの」ではなく、記号性を兼ね備えています。こうした「モノ」は、なにも身にまとう服やアクセサリーに限らず、私たちが購入し所有するおおくの「商品」のなかに見出されます。社会的なステータスを表わすものとしての高級車。最先端の技術を感じさせるコンピュータなどのハイテク製品。自然環境や人体への意識の高さを示すものとしての自然食。これらの「商品」は、けっしてその使用価値（どのような機能を持っているか）や交換価値（値段はいくらなのか）のみで、人々に支持されているわけではありません。それらに加えて記号性（なにをイメージとして喚起するのか）が、そうした「商品」の価値をきめるうえで決定的に重要な位置を占めているのです。高度大衆消費社会といわれる現代において、私たちを取り巻く「商品」のおおくは「モノ」としての様相をますます強めているように思われます。

メディアがつくる「恣意性」と「示差性」

先に記号の「恣意性」と「示差性」について述べました。文化記号論によれば、同様なことは「モノ」についても当てはまります。つまり、どのような商品やブランドが、どのようなイメージを表わす「記号表現」になるのかは、あらかじめ必然的に決まっているのではなく、きわめて恣意的なものです。また、そうしたイメージとブランドとの結び付きにおいて重要なことは、他のブランドや商品との違い、つまりモノにおける「示差性」にほかなりません。先の例でいえば、ナイキの記号性は、それが他の競合するブランド（アディダス、アシ

ックス、プロケッズ、ルコック、プーマなどなど）とのあいだで「違い」を際立たせることができれば、それだけ高まるのです。

　それでは、こうした「恣意性」と「示差性」とからなるモノの記号性は、どのようにして生みだされるのでしょうか。ある特定のイメージとブランドはどのようにして結び付き、どのようにして他のブランドとの違いを際立たせるのでしょうか。

　テレビや雑誌のなかに溢れかえっている商品広告は、こうした「結び付き」と「差異」を作り上げていくうえで、大きな役割を果たしているように思えます。ファッション雑誌のページをめくってみればすぐに分かるように、現在おおくの広告は、ただ単に商品の機能の高さや値段の安さを消費者に訴えるものではありません。有名なタレントやモデルを起用し美しい風景をバックに撮られた写真を駆使した広告のなかで、「商品としての服やアクセサリー」はあたかもそうしたビジュアル・イメージ全体を「記号」として表わしているように思われます。つまり、広告表現が醸しだすイメージを「記号」として表現するものとして、商品はそこに位置付けられているのです。

　このように服やアクセサリーを「記号」として成り立たせる「仕組み」は、なにも商品を生産・販売する会社側がながす狭い意味での広告（純粋な商品広告）に限りません。カタログ雑誌の特集のなかで取り上げられたり、さらには映画やテレビ番組などで主人公によって使われることによって（二次的・三次的な広告）、モノの記号性はますます高まっていきます。その意味では、商品やブランドの「記号性」は、広告に代表されるメディアの働きのなかで重層的に作り上げられていく、と理解すべきでしょう。

「モノ」によるコミュニケーション

　このように「記号論」の考え方に基づいてブランドや商品が持つ「記号性」について考えることで、日頃さして意識することなく実践している服やアクセサリー＝モノを用いたコミュニケーションが、どのような社会・文化的な「仕組み」によって成り立っているかが、明らかになったと思います。また、メデ

ィアを通じて繰り返し私たちに投げかけられる広告が、そうした「記号としてのモノ」を生み出すうえで大きな役割を果たしていることを知ると、商品を買うよう消費者を説得するという経済的な次元とは異なる、商品とイメージとの結び付きを作るという文化的な位相においても、広告が効果を発揮していることが確認されるのではないでしょうか。

　ところで、このようなモノによるコミュニケーションは、たしかに私たちの日常において一般的なものですが、ときとして否定的に語られることも少なくないように思われます。例えば、機能や値段ではなく「記号性」に魅力を感じて商品を買うことは、製造会社やメディアの戦略に踊らされた愚かな行為であるなどと、生真面目に言われたりします。たしかに、高価な高級ブランドに目が眩み、多額の借金をしてまでもモノ集めに奔走するようなことになれば、それは困ったことと言わざるをえないでしょう。

　ですが、そうした経済や倫理の点からではなく、コミュニケーションの視点から見た場合に、モノを介した人とのやり取りにそれなりの効用があることは、先に初対面の相手との接し方を例にあげて説明したとおりです。見ず知らずの相手であっても、その「外見」から何らかの情報が得られれば、コミュニケーションを図っていく糸口を摑むことができます。さらにいえば、「自己表現」としてモノを身につけることで、落ち込んでいた自分がなんとなく元気になり、自分自身を励ますことができたりする体験は、おおくの人が持っているのではないでしょうか。好きなブランドの服を着ることで、モノが表わすイメージに自分自身を重ね合せポジティブな自己像を確保しようとすることは、現代社会の消費活動においてけっして珍しいものではありません。たとえ、そうした「自分らしさ」の確認が一時的なものであったとしても、「踊らされている」とか「本物の自分ではない」との判断のもとにそれらを一蹴してしまうことは、現代社会のコミュニケーションの可能性を模索していくうえで、あまりに一面的ではないでしょうか。

　もちろん、モノによるコミュニケーションになんら問題がないわけではありません。ただ、そうした問題を考えていくためには、これまでのような経済的

観点からの批判や道徳的な非難だけでは、どうしても不十分なように思えるのです。ですから以下では、モノによるコミュニケーションについて「イメージの共同体」と「メディアによるイメージ」という面から、多角的に考えていきます。

3. イメージの共同体の可能性と課題

「モノ」を理解しあう共同体

ここまでの議論で、「モノ」が記号としてなんらかのイメージや雰囲気を表わすうえで、どのような社会・文化的な「仕組み」が働いているかについて「記号論」の観点からみてきました。ですが、実際の社会においてモノが記号となるためには、もうひとつ重要なポイントがあります。それはモノを鑑賞する人々の集まり、つまり「イメージの共同体」が不可欠だという点です。そうした共同体は、時間や場所を共有することはなくても、モノの記号性（例えば、コムデ・ギャルソンの服はどのようなイメージを表わしているのか）をともに理解できる人々から成り立っています。例えば、最先端のファッション雑誌の読者たちは、互いに直接会ったりすることはないでしょうが、その雑誌の記事/広告されるブランド/そこで語られるイメージの違いをともに味わうことができる点で、同じ共同体の住人と看做すことができるのです。記号としてのモノは、こうしたイメージの共同体に支えられて意味を持つと同時に、モノが流布するなかで、そうした共同体が再生産されるという相互的な関係がそこには見られます。

イメージの共同体とその外部

「自分らしさ」のアピールとしてモノを身につける場合、私たちは自分と同じ「イメージの共同体」の住人たちの視線を意識しているのではないでしょうか。なぜなら、自分がこだわりを持つモノのイメージについてなにも知らない人にとっては、そもそもこうした「自分らしさ」の主張は意味を持たないからです。例えば、最新の流行で身をかためた若者にとって、親たちの視線はたい

して気にとめる必要のないものです。なぜなら、そうした「おとなたち」は、そもそも自分たちが暮らす「イメージの共同体」の外にいると看做されているからです。彼ら/彼女らにとって重要なのは、自分と同じように「記号」を理解し鑑賞する「仲間たち＝同じイメージ共同体の住人」の評価に違いありません。

このように考えると、モノによるコミュニケーションは、一方でおおくの人々に開かれている（言葉を交わさなくても相手と何かを共有できる）のですが、他方でモノの違いが分かる一部の人々だけを相手と看做す傾向を持っていることが明らかになります。つまり、そうしたコミュニケーションはときとして、モノの記号性を理解できない人たち（若者にとってのおとなたち）を「排除」するものでもあるのです。もちろん、おおくの場合こうした「排除」は、意図的な悪意や目論見があって為されるわけではありません。むしろ、趣味や感性の違いが、結果としてイメージ共同体の内部（分かりあえる仲間）と外部（関係のない他人）とを弁別しているのです。

しかし、モノによるコミュニケーションが社会においてますます大きな位置を占めるようになっている昨今の状況において、「イメージの共同体」をめぐる「排除」はコミュニケーション全般のあり方にどのような影響を与えているのでしょうか。「トモダチ以外はみな風景」という女子高生の言葉には、モノの記号性を理解しない相手には、そもそもコミュニケーションを期待しないという冷めたメンタリティが潜んではいないでしょうか。

コミュニケーションの「エコノミー」

モノによるコミュニケーションは、見ず知らずの人との関係を築き上げていくうえで、なんらかの糸口を与えてくれるものです。さらに、現代のようにひとりの人間が膨大な数の他者と関わらねばならない社会では、いちいち言葉を交わすのではなく「外見」から即座に相手を判断することは、社会生活を円滑に送っていくうえで不可欠な戦略であるともいえます。相手と自分とに共有できそうな話題はあるのか。それともかけ離れたライフスタイルの持ち主なのか。

そうした自他の違いを見極めていくうえで、モノによるコミュニケーションはとても便利です。その点でモノから相手を判断することは、コミュニケーションを図っていくうえでの「エコノミー（労力節約）」であると言えます。

ですが、そこには大きな落し穴もあるように思われます。たしかに、おおくの人々のなかから「自分と気が合いそうな相手」や「趣味や感性が似ている仲間」を見つけ出そうとするとき、相手が身にしているモノを判断基準にすれば有効なこともあります。また、おおくの人々が「自分らしさ」をモノによって表現しているのなら、モノを判断材料に相手について知ろうとすることは、きわめて理にかなっているといえるでしょう。

けれども、先に指摘したように、こうしたモノとイメージとの結び付きは、おおくの場合メディアによって作られたものです。ですから当然のことながら、実際のその人とモノから判断された人物像とは、どこかでズレてくるのではないでしょうか。例えば、遊び人風のファッションで楽しげに街に繰り出しているからといって、その人がなにも悩みや苦しみを持っていないとは限りません。もしかしたら、逆に深い苦しみに苛まれているからこそ、せめて遊ぶときだけはお気楽に振舞っているのかもしれません。人間というものは基本的に複雑な存在ですから、そうした多面性を抱えて生きているのがむしろ普通ではないでしょうか。

ところが、モノだけで相手を判断していると、こうした複雑で矛盾にみちた人間の側面について考える想像力が欠如していくように思われます。モノはたしかにイメージを喚起しますが、それは現代ではメディアによって固定化されたものになりがちです。言葉によるコミュニケーションには見られないモノによるコミュニケーションの可能性をいかんなく発揮させるためには、メディアによるモノとイメージとの結び付きを超えて、コミュニケーションを交わす当事者同士がともに作り上げていくような「豊かなイメージ」を模索する必要があるのではないでしょうか。

解説・コラム

消費社会における記号としての「モノ」 フランスの社会学者ボードリアールは『消費社会の神話と構造』において、成熟した現代社会での人々の消費活動を「記号」の消費として特徴づけた。高度大衆消費社会では、商品の使用価値や交換価値を中心に生産/消費のシステムが回るのではなく、むしろ広告などによって形成されるイメージと結び付いた「記号性」が、魅力的な「モノ」を作りだすうえで中心的な位置を占めているのである。(ジャン・ボードリヤール『消費社会の神話と構造』今村仁司・塚原史訳、紀伊國屋書店、1979年)

シニフィアン/シニフィエ、恣意性/示差性 スイスの言語学者ソシュールは、記号を「意味するもの」としてのシニフィアン（言語表現）と「意味されるもの」であるシニフィエ（言語内容）との両面からなるものとして理解した。例えば、「机」という記号は、「ツクエ」という聴覚イメージである「意味するもの」と「勉強するときなどに使う台」という「意味されるもの」とが不可分に結び付いたものとされる。そしてソシュールによれば、記号におけるシニフィアンとシニフィエの結び付きは「恣意的」である。要するに、「勉強するときなどに使う台」を「ツクエ」と呼ぶ必然性はないのである。言語体系において求められることは、ある記号が別の記号と異なっていること、つまり「机」は「椅子」や「ベット」といった記号との関係において示差的である点である。(フェルディナン・ド・ソシュール『一般言語学講義』小林英夫訳、岩波書店、1979年)

文化記号論 記号をシニフィアンとシニフィエの点から捉えるソシュールの発想を、より広く文化一般に応用して諸現象を分析しようとする試み。バルトはこうした記号論の手法を駆使して、現代社会の分析を行なった。バルトによれば、「神話」とは記号におけるシニフィアンとシニフィエの結び付きを、あたかも必然であるかのように思わせるイデオロギーにほかならない。彼は映画、ファッション、広告などを題材としつつ、そうした「神話」が持つ文化・政治的な意味を批判的に読み解いた。(ロラン・バルト『神話作用』篠沢秀夫訳、現代思潮社、1967年)

共同体と「排除」の構造 共同体＝COMMUNITYは、家族や地域社会に典型的に見られるように、そこに生きる人々が全人格的に情緒的な関係を築き上げる場としてイメージされる。たしかに、共同体のなかで人々は「自分らしさ」や他者との「人間的なふれあい」を感じることができる。しかし同時に、共同体はその内部と外部の明確な境界付けのうえに成り立つものでもある。つまり、同じ共同体に属する「仲間＝潜在的な味方」を内に取り込み、そうでない「他

人＝潜在的な敵」を排除するという作用が、共同体が形成される過程において働いているのである。それゆえ、どのようなものであれ「わたしたち」から成る共同体は「かれら」に対する排除を構造的に伴っている。

設問

1. モノによるコミュニケーションは、言葉によるコミュニケーションと、どのような点で異なるのだろうか。そのメリットとデメリットの両面について述べなさい。

2. あるモノのイメージを分かち持つ共同体は、どのようにして生まれるのだろうか。それは別のイメージを共有する共同体と、どのような関係に置かれているのだろうか。

3. 相手とのコミュニケーションの「エコノミー」を図るうえで、私たちは具体的にどのような方法を用いているだろうか。そのことに、どのような危険が潜んでいるだろうか。

5

自由のコミュニケーション/
制約のコミュニケーション

　コミュニケーションは、「自分らしさ」の発揮や「社会変革」というかたちで私たちに「自由」を与えてくれます。と同時に、個人や社会の「あるべき姿」が「らしさ」や「常識」としてコミュニケーションを通じて再生産されていることも事実です。本章では、こうしたコミュニケーションに潜む二つの側面について考えていきます。

1.「らしさ」を変えるコミュニケーション

変わる「わたし」と「あなた」

　相手とのあいだで何事かを分かち合うコミュニケーションは、互いの「働きかけ」と「応答」を通じて私たち自身が変化していく過程でもあります。なにかを「ともに分かち持つ」ことは最終的な目標ではなく、終わることなく続く過程です。その過程において、「わたし」も「あなた」も大きく変わっていくことでしょう。そうした変化を引き起こす点にこそ、コミュニケーションの醍醐味があるといえます。

　例えば、長年の親友同士の関係を考えてみましょう。同じ学校に通い、一緒にどこかへ遊びに行ったりすることで、二人のあいだに体験の共有が生まれます。互いに悩みごとや将来の夢を語り合うことで、より情緒的・感情的な面においても分かち合う部分は増えていくでしょう。しかしながら、そうした体験や感情の共有には、終着点のようなものはありません。親友としての関係が続くかぎり、「分かち持たれるもの」は二人のあいだで増えていくことでしょう。ここで注目すべきことは、そうしたコミュニケーションの積み重ねのなかで、

自分も相手もともに変わっていくという点です。はじめて出会った当時と今とでは、自分も相手もどこかしら違った人に成っているはずです。そうした変化は、相手とのコミュニケーションのなかで引き起こされます。親しい友達との関係において、相手から影響を受けたり相手から指摘されることで「わたしらしさ」が変わっていくことは、けっして珍しいことではありません。互いにやり取りを交わすなかで、わたしも相手もともに違った「自分」になっていくことが、コミュニケーション関係の特徴のひとつなのです。逆にいえば、「自分らしさ」の変化をなんら引き起こさない関係は、たとえ何事かが分かち持たれてはいても、生き生きとしたコミュニケーションとして体験されることはないでしょう。

鏡に映る自己

クーリー (C. H. Cooley, 1864-1929) は、コミュニケーションにおいて「わたし」と「あなた」が変化していく「仕組み」を「鏡に映る自己 (LOOKING-GLASS SELF)」という点から論じました。当たり前のことですが、私たちは普段、自分自身を「見る」ことができません。もし、己の姿を眺めたいと思うのなら、鏡の前に立たねばなりません。つまり、自分自身がどのような存在か（背が高いのか低いのか、太っているのか痩せているのか）を知るためには、鏡という道具を必要とするのです。このように身体の確認に鏡が必要とされるのと同様に、人格的な面で自分がどのような存在か（親切なのか冷淡なのか、合理的なのか感情的なのか）を知るうえで、私たちは自己を映しだす鏡を必要とします。クーリーによれば、それが「他者」にほかなりません。

「わたし」は自分ひとりでは、いったい自分がどのような人なのか分かりません。たとえ自分では「親切で情に厚い」と思っていても、はたして他の人がそのように私のことを受け止めているのかは、私にはよく分からないのです。ですが、コミュニケーション関係のなかで「相手」をひとつの鏡として、そのなかに自分を映しだすことによって、私たちは「自分がどのような人か」を知ることができます。

例えば、一緒に仕事を進めていくなかで、他人への心遣いのきめ細かさについて相手が私を褒めてくれたとします。そのとき私は「あぁ、自分は親切な人なのだ＝相手に親切な人と映っているのだ」ということを実感できるに違いありません。逆に、自分では親切な人間だと信じていても、相手とのやり取りのなかでそうした「自己」が見えてこない、つまり相手という鏡に「親切な自分」が映らない場合には、「親切なわたし」という自己イメージは不確かなものになることでしょう。

「私の謎」を解く鏡

　さて、相手が「自分を映す鏡」だとして、どうして相手と接していくことで「わたし」は変わっていくのでしょうか。ここには、「私の謎」が関係しているように思われます。ここでいう「私の謎」とは「自分自身のことでありながら、本人に見えていないもの」です。例えば、ある人（仮にAさんとしましょう）が女性に対して強い偏見を持っていたとします。Aさんは、心のどこかで「女は外で仕事などせず、家で家事だけしていればいい」と思っています。ですが、Aさん自身は、自分は進歩的な考えの持ち主で差別の意識など微塵も持っていないと信じているとします。このとき、Aさんにとって「女性差別者のAさん」は「謎」となっているのです。つまり、周りの人から見れば、Aさんが女性に対して偏見を持っていることは一目瞭然なのですが、当の本人はそれに気付いていない／見えていないのです。

　こうした「謎」は、私たちの誰でもが多かれ少なかれ抱えていることでしょう。問題は、いかにしてそうした謎を解き明かすことができるかです。ひとつの方法は、自分自身でそうした「謎」に対峙しようとすることです。ですが、それは容易ではありません。なぜなら、そもそも「謎」は当人にはきわめて見えにくいものだからです。つまり、自分ひとりでいくら自分自身について考えたり悩んだりしても、「謎」はなかなか見えてこないのです。もうひとつ考えられる方法は、他者という鏡にそうした「謎」を映しだすことです。要するに、相手という鏡に映る自分の姿を真摯に受け止め、そこから「謎」を解き明かし

ていく糸口を得るのです。これこそが、相手とのコミュニケーションを通じて「わたし」が変わっていくことにほかなりません。

　先の例でいえば、職場の同僚に対するAさんの接し方に女性社員が怒ったとします。なぜなら、そこに明らかに女性差別的な言動があったからです（例えば、男性社員には実務的な仕事を割りふり、女性社員にはお茶汲みや顧客接待の相手といった仕事を押し付ける）。おそらく、いつもであればAさんは、そうした怒りを女性に特有のヒステリーとか感情的な物言いと看做して無視することでしょう（このこと自体が立派な差別です）。けれども、もしここでAさんが相手の反応を真摯に受け止め、どうして自分は「怒りをかう人物」として女性社員に映っているのか。自分のどのような言動が、そうした反応を引き起こしてしまったのか。いったいなぜ、自分は男性社員と女性社員を違ったふうに扱っているのか。こうした点について考えはじめれば、もしかしたらAさんの女性差別を是正する方向に同僚とのコミュニケーションが発展するかも知れないのです。

「自分らしさ」を変える

　このように「鏡に映る自己」は、自分が抱える「謎」に気付きそれを解き明かす糸口を手に入れるうえで、不可欠なものです。「謎」が解かれることで、「わたし」は以前とは違う人になることでしょう。そして重要なことは、こうした「鏡に映る自己」との出会いを通じて「謎」を解明することが、一方向ではなく双方向においてなされる点です。つまり、「わたし」だけが一方的に「謎」に直面するのではなく、「あなた」も「わたしという鏡」に映る自分の姿を見て、「あなたの謎」に思い当たることでしょう。互いの「謎」に気付き合い、それを解明すべくコミュニケーションを交わしていくことで、「わたし」も「あなた」もそれぞれの「自分らしさ」をおおいに変えていきます。このように、相手とのコミュニケーションを介して変化していくなかで、本当の意味での「自分らしさ」が実感できるのです。

　たしかに、他者という「鏡」に映る自分に直面することは、楽しいことばかりではありません。見たくない自分の姿や忘れ去りたいと思っていた自己の側

面が、そこに映し出されることも少なくないでしょう。ですが、「鏡に映る自己」に対して見て見ぬふりをし、自分に都合の良い自己像だけを一方的に相手に押し付けたとしても、そうした「自分らしさ」はひとりよがりで根拠のないものになってしまうでしょう。本当の意味で人が他者との出会いを通じて成長していくためには、「鏡に映る自己」をきちんと見つめ、そこに垣間みられる「私の謎」を解明しながら「自分らしさ」を常に作り直していくことが求められているのです。

社会を変えるコミュニケーション

　コミュニケーションは、わたしとあなたそれぞれの「自分らしさ」を変えていく力を持っています。さらに、そうしたコミュニケーションの潜在力は、なにも個人と個人の関係だけでなく、より広く社会を変える力も秘めています。

　社会はどのようなときに変わるのでしょうか。まず考えられることは、政治や経済に関する法律や制度が変わるときです。選挙制度を例にいえば、一部の特権階級にしか選挙権が認められていなかった社会と現在のように男女平等に普通選挙権が認められる社会とでは、私たちと政治との関係は大きく異なります。その点で、普通選挙の制度化は社会を変えたのです。また、以前の旧共産主義社会では、自由市場は制限されていました。しかし現在では、どこの国も基本的には、自由市場でのやり取りをメインに経済活動を行なっています。「資本主義経済への移行」という政府方針のもとで、さまざまな法律や制度の変革がなされたことによって、これらの国々において社会は劇的に変わってしまったのです。

　このように法律や制度は社会変革にとって重要な位置を占めています。ですが、それだけで社会全体が変化するわけではありません。たとえ制度や法律が変わっても、日常的な場面での人々の意識や行動が同じであれば、社会が変わったとはいえないでしょう。コミュニケーションによって社会が変わるという場合に意味されることは、おもにこうした日常レベルでの変化です。それは、人々のあいだで「ともに分かち持たれるもの」の内容が、制度や政策といった

上からの押し付けによってではなく、人々のコミュニケーションを通じて変わっていくような場合です。

「男女の平等」を例に考えてみましょう。現在の日本社会では、法律・制度において「男女の平等」はかなりの程度保証されています（普通選挙法や雇用機会均等法）。では、男女差別は私たちが生きるこの社会に存在しないのでしょうか。おおくの人がそうは感じないはずです。なぜなら、日常的な場面において、しばしば私たちは明らかに男女差別的な発言や行動に出くわすからです。

ひとつだけ例を挙げましょう。あるワイドショー番組で、「最近若い女性の歩きながらのタバコが増えたが、あれほどはしたないものはない」と出演者のひとりが憤っていました。他の討論者も異口同音に「そうだ、みっともない」と同意していました。たしかに、歩きながらタバコを吸うことはマナー違反でしょうし、防災の点からみても望ましいことではありません。ですが、どうして女性の「歩きながらのタバコ」はテレビで批判の的になるのに、男性の「歩きながらのタバコ」については、なにもいわれないのでしょうか（歩きながらタバコを喫う男性がいないとはとても考えられません）。明らかにここでは、男女が差別的に扱われています。同じ行為（歩きながらの喫煙）が女性には許されないこと／男性には許容されることとして、社会に受け止められているのです。些細なことかもしれませんが、こうした例は、日常的なコミュニケーションにおいていかに「男女の平等」がいまだ成立していないかを、如実に物語っています。

このように考えてくると、社会というものはいろいろな位相において変化することが確認されます。そして、日々のコミュニケーション実践の次元で変化が訪れるとき、それは表面的な建前ではなく本当の意味で「社会が変わる」ことを意味するのではないでしょうか。こうしたコミュニケーションを通じた社会変革は、既存社会での「あたりまえ」を疑い、作り変えていくことにほかなりません。別の言葉でいえば、社会自体の「らしさ」（常識、慣習、伝統）を日常レベルで疑うことを、私たちはコミュニケーションによって実践しているのです。

2.「らしさ」を押し付けるコミュニケーション

躾と「らしさ」

　コミュニケーションは「らしさ」を変革していくだけではありません。逆に、いろいろな「らしさ」を私たちに押し付けることが、コミュニケーションを通じてなされてもいます。そうしたことは、家庭での躾や学校教育のなかで日常的に実践されています。躾や教育とは、社会において期待される「らしさ」を子供たちに身に付けさせることにほかなりません。それは必ずしも、個々人の違いや個性を尊重したものではありません。ここでは「男らしさ」や「女らしさ」を例として、こうした押し付けられる「らしさ」について考えてみましょう。

　同じことをしても男の子と女の子とで違った扱いを受けるという経験を、おおくの人が子供の頃にしたかと思います。例えば、外で遊んでいて勢いあまって友達に怪我をさせてしまったとします。もちろん、人に怪我をさせることは良くないことですから、親や先生から注意されるでしょう。ですが、男の子に対してはときとして「ワンパクで元気な子だわね」との評価がされるのに、女の子の場合には「なんてオテンバな子なんでしょう」と叱られてしまいます。「少々元気すぎる子供」である点でなんら変わりはないのに、男女で受け止められ方が異なるのです。その理由は、期待される「らしさ」が男の子と女の子とでは違っているからです。元気に外で遊び回ることは「男の子らしい」ことと看做されはしても、「女の子らしい」とはされません。こうした期待される「らしさ」に基づいて親や先生が子供に接することで、そうした「らしさ」は実際に子供たちに身に付けられていきます。なぜなら、肯定的な評価を与えられる行為を子供たちは積極的に繰り返していくでしょうし（男の子にとってのワンパク）、反対に否定的に受け止められる行為は、自ら制御したり規制してしまうからです（女の子にとってのオテンバ）。

期待される「らしさ」

　このように考えると、「らしさ」はあくまで社会・文化的に作られるもの/期待されるものであることが明らかになります。しばしば「男は論理的/女は感情的」といった対比がされますが、それはけっして男女の生物学的な違い（遺伝子レベルの差異）によるものではありません。むしろ、成長していく過程でそれぞれの「らしさ」を親や周囲から期待され、それを自らの内に取り込んでいった結果として「違い」が表われているに過ぎないのです。

　例えば、とても感受性にとみ他人へのきめ細かな配慮が得意な男の子がいたとします。親や先生は、こうしたあまり「男の子らしく」ない子供に対して、どのように接するでしょうか。やさしく感情的な性格をその子の個性として尊重できれば、なんら問題はありません。ですが実際には、その男の子は大人たちから、もっと逞しく「男らしく」なることを期待されるでしょう。仲間からも「女々しい」といわれ、からかいやいじめの対象とされるかもしれません。その結果、その子が「生き残り」のために、自らの個性を放棄して無理やり「男らしさ」を身につけたとしても、なんら不思議ではないでしょう。

　「らしさ」の押し付けは、法律や制度に基づいてなされるわけではありません。ですが、日常の社会生活において、そうした「らしさ」は日々のコミュニケーションを通じて再生産されていくのです。

「社会化」という仕組み

　期待される「らしさ」が世代継承的に再生産される仕組みを、社会学では「社会化」として考えてきました。これまでの議論を踏まえていえば、社会化とは家庭や学校という場において、諸個人を「期待される社会成員」として作り上げることにほかなりません。学校という場において社会化されることで、「こども」は親や先生に代表される「おとな」から期待される「らしさ」を内面化し、一人前の人間として社会生活が営めるようになるのです。こうした社会化は、なにも「こども」が「おとな」になる際に必要とされるだけではありません。私たちがこれまでとは違った社会生活をはじめるとき（「学生」から「社

会人」になるとき)、それぞれの場ごとに社会化がなされているのです。

　コミュニケーションの点からみて重要なことは、社会化によって私たちは「期待される役割」に基づいて相手とやり取りを交わしていくことができるようになる点です。例えば、就職したばかりの新入社員は、顧客や得意先の担当者とどのように接してよいか分かりません。ですから、研修をうけたり先輩社員と一緒に外廻りをこなすことで、どう振舞うことがその会社の社員としてふさわしいことなのかを学んでいきます。そうした社会化のおかげで、上司・同僚や商売相手から期待される役割を内面化しながら、「会社員らしさ」を身につけていきます。つまり、「この手のクレームに対してはこう応えねばならない」とか「この場合は、自分で処理せず上司に報告することが会社のためだ」といった具合に、自分に対する周囲からの期待を的確に予期し、それに応えるべく役割を演じることができるようになるのです。

「役割」の遂行

　会社などの集団において社会化された人のコミュニケーションは、おおくの場合、役割遂行としてなされます。それは諸個人の個性に基づくのではなく、組織に属する人々に共有された期待に忠実に応えようとするものにほかなりません。ですから「役割」としてコミュニケーションが交わされるとき、そこでの「働きかけ」と「応答」を予期することは容易です。なぜなら、それらは「期待されるらしさ」から大きく外れることが稀だからです。

　私たちは日々の生活において、こうした「役割としてのコミュニケーション」を意識・無意識のうちに実践しています。例えば、スーパーで買い物をする場合を考えてみましょう。私たちは「買い手」としての役割を担い、相手は「売り手」としての役割を引き受けたうえで、二人のあいだのコミュニケーションは交わされます。ですから、私が商品の値段や鮮度について尋ねることは「お客らしさ」に基づくコミュニケーションとして許容されます。ですが、相手の名前やプライバシーについて尋ねたりすれば、それは「期待される客らしさ」を逸脱したものとして、相手から否定的な応答を返されたり無視されたり

するでしょう。他方、相手が商品を売ろうとして話しかけることは「店の人らしさ」に叶ったコミュニケーションですが、いきなり住所や電話番号を聞いてきたら、それは期待を裏切るコミュニケーションとして私たちを当惑させるに違いありません。このように私たちのコミュニケーションのおおくは、「らしさ」を暗黙の前提とし、それを再生産するような「役割」の遂行として交わされているのです。

現状を維持するコミュニケーション

　期待される「役割」に基づき人々が互いにコミュニケーションを交わすことで、社会関係は「あるがまま」のかたちで再生産されます。つまり、その社会におけるさまざまな「らしさ」は現状のまま維持され、次の世代へと継承されていくのです。先に述べた「社会を変革するコミュニケーション」の場合とは反対に、ここでコミュニケーションは現状を維持するものとして作用しています。法律や制度の次元に加えて日常レベルでも「らしさ」が受け入れられ、人々が期待される「らしさ」をコミュニケーションを通じて身につけていくことで、その社会は安定し秩序だったものになるでしょう。

　このように社会秩序が保たれていくうえで、期待される「らしさ」の維持と再生産は不可欠です。ですが、そうした現状維持の働きには、少なからぬ問題も含まれています。再び「男女の平等」を例に考えてみましょう。現在ある男女の不平等は、必ずしも法律や制度の問題とは限りません。むしろ、そうした次元での変革がなされたにも拘わらず、日常のコミュニケーションにおいて変化が生じていないことが、不平等がいまだに残ることの原因です。別の見方をすれば、不平等を是認し強化してしまうような男女の「らしさ」が、ほかならぬ私たちの日常的なコミュニケーションを通じて再生産されているのです。その結果、「男女の不平等」という現状は変わることなく続いてしまうのです。こうした「現状維持」によって男女の関係をめぐる社会の秩序と安定は保たれるかもしれません。ですが、それはあくまで「不平等」を前提としたうえでのことなのです。

3.「らしさ」形成の両義性

「らしさ」の革新性と保守性

　これまでみてきたように、コミュニケーションは従来からの「らしさ」を作り変えることにも維持することにも寄与しています。つまり、コミュニケーションは革新的にも保守的にも作用するのです。どちらの場合にも共通していえることは、そうした働きは法律や制度とは異なる日常生活レベルでなされている点です。

　こうしたコミュニケーションの両義性は、私たちが「自分らしさ」をどのように確保しているかを振り返って考えてみれば、容易に理解できるでしょう。私たちは「自分らしさ」を何らかの社会的役割と重ね合せて意識します。例えば、「優秀な大学生」「やり手のセールスマン」「誰からも好かれる先生」といった具合に。こうした「自分らしさ」は、社会的役割を暗黙の前提とし、既存の「らしさ」を維持する方向に働きます。なぜなら、これらの「自分らしさ」は相手側に期待される「らしさ」(「厳しい就職の面接官」「注文の厳しい顧客」「従順な生徒」) とセットになって、いまある社会のあり方を再生産していくからです。

　しかしながら、期待される役割としての「らしさ」と同時に、私たちはより個性的な「自分らしさ」を大切にしてもいます。それは社会一般から期待される「役割」ではなく、もっと個別で特殊な対人関係 (家族、親友、恋人) のなかで発揮される「自分らしさ」です。そうした「自分らしさ」をもって相手に接することで、社会的に期待される「らしさ」とは違った、より個性的な「わたし」と「あなた」との関係がコミュニケーションを通じて生まれてくるのです。

「らしさ」をめぐる葛藤と闘争

　現代社会において、私たちはいろいろな「らしさ」を引き受けねばなりません。「ものわかりの良い夫」「優しいお父さん」「頼れる課長」「義理堅い同僚」。こうした相異なる「らしさ」が、ひとりの中年男性に期待されることは珍しくありません。こうした社会的に期待される「らしさ」とは別に、より個性的な

独自の「自分らしさ」への欲求も彼は感じていることでしょう。このような状況において、さまざまな「らしさ」への期待や要求が、ときには両立せず衝突するのを彼は体験します。「義理堅い同僚」であるためには残業に付き合わねばならないが、「優しいお父さん」であるためには娘と人気アイドルのコンサートを観に行く約束を反故にするわけにはいかない、といった具合に。

　こうした「らしさ」をめぐる個人レベルの葛藤は、より広い社会レベルでの「闘争」と結び付いています。この場合の「闘争」とは、物質的な財や経済的な富を目指したものではなく、社会・文化的な正統性＝「あるべきらしさ」をめぐるものです。「仕事のために家庭を犠牲にする」か「家庭を最優先して仕事は二の次とする」かは、中年男性のみの問題ではなく、社会全体にとって「人が働くとはなにか／人生にとって家庭とはなにか」という大きなテーマを投げかけているのです。現在、そうした問いかけに対する答えは、けっして一様ではありません。従来からの「仕事優先」が依然として強いにしても、若い世代には「家庭優先」の傾向が序々にではあれ高まってきています。こうした状況は、職業人／家庭人としての「あるべきらしさ」をめぐる闘争として理解することができるのです。

　また「あるべきらしさ」をめぐる闘争が起こる場は、私たちが直接相手と交わすコミュニケーションに限られません。テレビドラマや小説において家族のあり方が描かれる場合でも、伝統を重視する立場からは「これまでの家族形態」が擁護され、革新的な立場からは既成の価値観に左右されない「これからの家族形態」が模索されるといったように、「あるべき家族らしさ」をめぐる闘争が垣間見られるのです。

　私たちが関わるさまざまな「らしさ」は、常に葛藤を伴い「あるべきらしさ」をめぐる闘争を引き起こします。その点で、日常的に交わされているコミュニケーションは、社会・文化的な力関係がぶつかりあう闘争の過程ともいえるのです。

> 解説・コラム

「鏡に映る自己」 アメリカの社会心理学者クーリーは、自己と他者とのコミュニケーション関係を論じていくうえで、自分が相手にどのように映っているのかを重視した。他者との関係において私たちは、相手が自分をどう捉えているか/どのように評価しているかを想像的に捉え、そこから自己イメージを作り上げていく。こうした自己像の形成において、他者を鏡として映し出した自分の姿が「鏡に映る自己」といわれる。

「私の謎」とコミュニケーション 私たちは、自分のことをすべて知っているわけではない。自分に見えず相手には見える「わたし」の部分は、自分にとって「私の謎」である。こうした「謎」は、ときとして相手との関係を歪めたり誤解をまねく原因ともなる。他者とのコミュニケーションは、こうした「私の謎」を解き明かし、相手との関係をより円滑なものにしていくうえで重要である。なぜなら、他者という「鏡」に映る自己の姿に触れることで、私たちはこれまで見えなかった「自分」を発見し「謎」に気付くと同時に、それを意識化することができるからである。そのことは、新しい「自分らしさ」を作り上げていくうえで必要不可欠である。

「役割」と社会化 社会が成立するうえで、個々の成員が価値や規範を共有することが不可欠である。そのためには「期待される社会成員」を作り出さねばならない。社会化とは、そうした社会成員の生産を果たすものにほかならない。家庭での躾や学校教育に典型的なように、そこでは上の世代から下の世代へ、古参のメンバーから新参メンバーへ、既存社会の慣習やしきたりが教え伝えられる。こうした社会化の作用があってはじめて、社会規範の継承や秩序と伝統の保持が可能になる。コミュニケーションとの関係でいえば、社会化によって人々は、特定の「役割」に準拠して他者と関わることができるようになる。そのことで、相互行為の相手が広がると同時に、一般的な期待に基づく画一化された関係が結ばれる可能性も高まる。

「らしさ」をめぐる闘争 その社会ごと時代ごとに「あるべきらしさ」は異なっている。これまでの「らしさ」を守ろうとする勢力と、古い「らしさ」を批判し新たな「らしさ」を作ろうとする勢力とのあいだで、「あるべきらしさ」をめぐって闘争が交わされる。それは、経済的財や政治的権力ではなく、文化的な正統性を目指すものである。「らしさ」は誰にとって都合の良いものなのか。

> 「らしさ」の押し付けによって誰が生きにくい状況に追いやられているのか。こうした問題意識のもとで既存の「らしさ」を問い直すなかで、いったいなにが「あるべきらしさ」なのかを考え直すことが目指されている。その点で、そうした闘争は「意味をめぐる闘争」として理解することができる。

設問

1. 「鏡に映る自己」を無視して相手とコミュニケーションを続けていくと、どのような問題が生じるのだろうか。

2. 制度や法律が変わっても日常的なコミュニケーション次元で変化が起こらないケースについて、身の回りの具体例をあげて説明しなさい。

3. 今の日本社会における「意味をめぐる闘争」は、何をテーマとしてどのような場所で交わされているのか。具体例をあげて述べなさい。

〈第Ⅰ部　ブック・ガイド〉

D. モリス『マンウォッチング』（藤田統訳、小学館、1980年）は、身ぶりや手ぶりといったノンバーバル・コミュニケーションについて、豊富な写真を用いて分かりやすく説明している。E. ホール『かくれた次元』（日高敏隆・佐藤信行訳、みすず書房、1970年）は、相手との距離の取り方といった身体表現の仕方が文化ごとに異なり、そのことがどのような誤解を招くのかを事例を交えて論じている。

人間に特有な言葉などのシンボルを用いたコミュニケーションについては、G. H. ミード『精神・自我・社会』（稲葉三千男ほか訳、青木書店、1973年）が古典的なテクストである。加藤春恵子『広場のコミュニケーションへ』（勁草書房、1986年）は、ミードの象徴的相互行為論やブーバーの実存主義的コミュニケーション論を検討しつつ、現代日本社会のコミュニケーションの諸問題を論じたものとして意義が大きい。

言葉使用を人々のあいだでの「規則」として捉える「言語ゲーム」の考え方については、L. ヴィトゲンシュタイン『哲学的探究・読解』（黒崎宏訳・解説、産業図書、1997年）が最重要なテクストである。

コミュニケーションは一方からの働きかけだけでなく、他方からの反応があっては

じめて成立する。こうしたコミュニケーションにおける「応答」の意義を考えていくうえで、自己と他者との関係を巡る E. レヴィナスの哲学はとても示唆に富んでいる。難解かつ深遠なレヴィナス思想への入門書としては、**熊野純彦『レヴィナス入門』**（ちくま新書、1999 年）が最適である。

　人工知能の試みを人間のコミュニケーションとの関連で考えていくうえで参考になるものは、H. L. ドレイファス『コンピュータには何ができないか』（黒崎正男・村若修訳、産業図書、1992 年）や J. サール『心・脳・科学』（土屋俊訳、岩波書店、1993 年）である。

　モノを用いたコミュニケーションを考えるうえで、**J. ボードリヤール『消費社会の神話と構造』**（今村仁司・塚原史訳、紀伊国屋書店、1979 年）は欠かせない。日本の 80 年代におけるモノの隆盛と文化変容を論じたものとしては、**上野千鶴子『増補〈私〉探しゲーム』**（ちくま学芸文庫、1992 年）が手ごろである。

第Ⅱ部 コミュニケーションの「現在」
どのように変わりつつあるのか

　第Ⅱ部では、私たちのコミュニケーションが、いま現在どのような状況に置かれているかについて考えていきます。
「**6. 自己完結するコミュニケーション** 対人関係の『希薄化』」では、最近のコミュニケーションの特徴である「自己完結」を取り上げます。どうして人々のコミュニケーションは、相手へと広がっていくのではなく、自己中心的に自分自身の世界に閉塞してしまうのでしょうか。そうした「自己完結」するコミュニケーションは、具体的にどのような現象として現代社会に現われているのでしょうか。自己中心的な人々は、コミュニケーションになにを求めているのでしょうか。こうした問いについて、「モノ語り」や「やさしさ」を具体事例

としながら考えていきます。

「7. 手段としてのコミュニケーション　自己イメージ操作の多層性」では、自己イメージの操作という点から、現代社会のコミュニケーションの特徴を浮かび上がらせます。手段としてコミュニケーションを交わすとは、どういうことでしょうか。そこで自己イメージ操作は、どんな役割を果たしているのでしょうか。自らのイメージを操作することで、私たちはいったい何を手に入れようとしているのでしょうか。人々がどんな場面で、どのようにイメージを操作するかを見ていくことによって、自己イメージ操作がさまざまな側面を持つことを明らかにします。

「8. メディア依存するコミュニケーション　『想像の共同体』とリアリティ」では、近代のメディア・テクノロジーの発達が、私たちのコミュニケーションにどのような影響を与えたのかについて考えます。メディアに媒介されることで、「ともに分かち持つ」ことにどのような変化が生まれたのか。現在、コミュニケーションを通じた意味の共有は、どんな状況に置かれているのか。こうした問題について、リアリティ＝「現実らしさ」という点から論じていきます。

「9. 希求されるコミュニケーション　「ハマる」人々のゆくえ」では、社会がますます合理化され対人関係が打算的になっていく現代において、人々がコミュニケーションにどのような欲求を抱いているかを取り上げます。最近よくいわれる「ハマる」という現象を手がかりとしながら、過剰とも思えるほどのコミュニケーション欲求が現代社会でどのように充たされているのか。そうした欲求充足にどのような問題と可能性が潜んでいるのか。こうした点から、現代のコミュニケーション欲求をめぐる問題について考えていきます。

6

自己完結するコミュニケーション
対人関係の「希薄化」

　現代社会において、人々は日々さまざまなコミュニケーションを交わしています。家庭で家族と、学校で仲間と、職場で同僚と、プライベートで恋人と、などなど。それでは、そうしたコミュニケーションに共通して見出される現代的な特徴とは何でしょうか。ここでは、「自己完結」と「自己愛（ナルシシズム）」の観点から、私たちが日常的に交わしているコミュニケーションについて考えていきます。

1.　「自分」へと向かうコミュニケーション

自己中心的な人々

　第Ⅰ部の議論でみてきたように、コミュニケーションとは行為者間の相互のやり取り（働きかけ/応答の繰り返し）であり、その過程で「わたし」も「あなた」もともに成長していくことが期待されます。つまり、コミュニケーションを通じて互いに「より豊かな自己」を育んでいくのです。ですが、はたして現代の私たちのコミュニケーションは、そうした変化をもたらしているでしょうか。別の言葉でいえば、私たちは「鏡に映る自己」の姿を正面から見つめたうえで、他者との関係を築いているのでしょうか。

　メディアが報じたり識者が語るところによれば、現代社会でのコミュニケーションは、どうやらそうした「豊かな自己」とは違った方向へ向かっているように思われます。青少年の問題や凶悪犯罪が起こるたびに「現代人の自己中心的なこころの現われ」とか「他人を人間とも思わない身勝手さ」といった論評がなされます。もちろん、こうしたメディアの言葉を全面的に信じることには

慎重でなければなりませんが、やはりそこには、現代人のメンタリティの一側面が浮かび上がっているように思われます。つまり、現代社会に生きる人々を特徴づけるキーワードは「自己中心的」なのです。

しばらく前に流行した言葉に「自己チュー」というのがあります。言うまでもなくこれは、「自己中心的であること」を若者風に表現したものです。こうした言葉遣いにも、現代社会において「自己中心的な人々」がけっして少数派ではなく、むしろ「主流」をなしていることが伺い知れるでしょう。

自己完結するコミュニケーション

さて、自己中心的な私たちが交わすコミュニケーションとは、いったいどのようなものなのでしょうか。第Ⅰ部での議論を思い出せば、「自己中心的であること」がおおくの点で「ともに分かち持つこと」＝コミュニケーションと矛盾することが明らかになります。「他者の態度取得」によって、あたかも相手の身になって自分自身の発言や行動を捉え直すことは、「自己中心的」とは正反対です。そもそも相手と「ともに分かち持つ」ためには、「自分だけ」でなく「他人のこと」を考えることが不可欠でしょう。このように考えると、「自己中心的」は根本においてコミュニケーションと対立するのです。

ですが、自己中心的な私たちが、日々の生活においてコミュニケーションを実践しているのも事実です。どうして、そうしたことが可能なのでしょうか。ここでは、コミュニケーションの自己完結という点から、その問題について考えていきます。

第5章で論じたように、コミュニケーションは常なる過程であり、そのなかで私も相手も「自分らしさ」を変えていきます。そうした対人関係における変化のダイナミズムに充ちていることが、コミュニケーションの最大の特質です。ですが、現代を特徴付けるコミュニケーションは、それとはかなり様相を異にしています。自己中心的な人々のコミュニケーションは、他者との関係に開かれるのではなく「自己完結」しているように思われます。もちろん、それもコミュニケーションであるからには、数おくの言葉、ジェスチャー、モノが

「わたし」と「あなた」のあいだで交わされることでしょう。ですが、そうしたやり取りは、二人のあいだに「なにかしら新しいもの」の共有をもたらすのではなく、それぞれの「自分の世界」へと自己完結してしまうのです。つまり、自分の「働きかけ」に対する相手の「応答」を受けて私が認識/思考/感情を変えていくのではなく、そうした「応答」に関係なく、あくまで私は自分を中心に「働きかけ」を繰り返していく。このように自己完結したものとして、自己中心的な人々のコミュニケーションをイメージすることができます。

ナルシシズムのための「鏡」

　そもそもどうして自己中心的な人々は、相手とのコミュニケーションを必要とするのでしょうか。ここまでの議論から明らかなように、自分中心であることは他者とコミュニケーションを交わすことと対立します。それなのに、「自己完結」というかたちではあれ、人々はコミュニケーションを実践しているのです。それはどうしてなのでしょうか。ナルシシズム（自己愛）と「鏡に映る自分」との関係から、この点について考えていきます。

　よく知られているように、ナルシシズムとはギリシャ神話のナルキッソスの話に由来します。美青年のナルキッソスは、ある日、湖面に映った己の美しい姿に目を奪われ恋におちいります。その姿をより近くで見ようと水面に顔を近づけすぎ、勢いあまって湖に落ちて溺れてしまう。この寓話は見事にナルシシズム＝自己愛の本質を語っています。

　自己中心的な人々のコミュニケーションを考えるうえで、この寓話はとても示唆的です。なぜなら、神話では湖面が「鏡」となってナルキッソスの姿を映し出したように、現実のコミュニケーションでは自己中心的な人々の自己愛を映す「鏡」として他者が作用すると解釈できるからです。つまり、逆説的ではありますが、自己中心的な人々が「自己である」ためには、鏡としての「他者」を必要とするのです。そうした他者は、己のナルシシズムを確認するための「鏡」にほかなりません。

　自己中心的＝自己愛的な人にとって、相手に映し出される「自分の姿」が自

己完結的に回収されていくのは当然のことでしょう。なぜなら、ここでの「鏡に映る自己」は、受け入れ難い「現実の自己像」ではなく、自己中心的にイメージされた「理想の自己像」を確認するものにほかならないからです。逆にいえば、他者という「鏡」は、私の自己愛を傷つけるものであってはならないのです。

　例えば、友達が数人で話をしていたとします。中心になって話しているのは、バイト先で店長と喧嘩をした子です。いかに店長が無能で他のバイトの人からも嫌われているか。今日までどれだけ自分が我慢して、店長の指示に従ってきたか。自分がしたことが、いかに正しいことなのか。こうしたことを一気にまくしたてています。このとき、他の友達は黙って聞いているだけです。どうして店長は激怒したのか。そもそも友人はバイト先で何をしでかしたのか。そうした質問は敢えてしません。ただ黙って頷きながら、友達が怒りと不満を爆発させるのに立ち合っているだけです。こうしたコミュニケーションによって、話している当人の自己愛的な像＝「なんら非のない、かわいそう私」が、友達という「鏡」に照らし出されながら確認されていくのです。

　以上のように、現代の自己中心的な私たちのコミュニケーションは「自己完結」と「自己愛」として特徴付けられます。次にそうした現代人のコミュニケーションについて、より具体的に「モノ語りの人」と「やさしい人」を題材としてみていきましょう。

2．「モノ語りの人」のコミュニケーション

モノ語り

　精神科医の大平健は、自らの臨床体験をふまえて興味深い現代社会分析を試みています。『豊かさの精神病理』のなかで大平は、近年、精神科医のもとを訪れる人々のあいだに共通した傾向があることを指摘しています。大平はそれを「モノ語り」と名付けています。ここでいう「モノ語り」とは、「自分がどんな人であるのか」あるいは「相手がどのような人物か」について、その人の人間的な側面ではなく身につけているブランドものの服やアクセサリーによっ

て説明することです。例えば、「わたし、ビィトンのひとなんです」とか「あの子はシャネラー」といった具合に、持っているブランド品によって人物を語るのです。こうした「モノ語りの人々」が抱える精神の問題がどのようなものなのかを、大平はさまざまなケースを引き合いに出しながら論じています。

　ところで、大平が描く精神科医のもとを訪れる「モノ語りの人」は、私たちとはかけ離れた人たちでしょうか。おそらく程度の差はあるかも知れませんが、本質的に違ってはいないでしょう。第４章で論じたように、高度大衆消費社会では「商品」は記号性を持つモノとして、私たちが「自分らしさ」を表現するうえで大きな位置を占めています。であるとすれば、「モノ語り」は、私たちのおおくが実践していることでもあるのです。

「モノ語り」の自己愛

　こうした「モノ語り」は、自己愛的な人による自己完結的なコミュニケーションの典型と看做すことができます。まず第一に、自分の好きなブランドによって自己表現するためには、そうしたモノで着飾った自分自身を好きになることが不可欠です。「わたし、ビィトンのひとなんです」との言葉の背景には、「ビィトンを身につけた自分」を愛して止まない「わたし」が現われています。「モノ語り」の人々にしばしば見られる、自分の経済力を超えてまでもモノ集めに奔走する姿は、歯止めを欠いた自己愛の暴走と見て取ることができます。

　第二に、「モノ語り」で自他を表わすことは、互いの人間性や個性によって社会的な関係を作り上げるのとは根本的に異なります。例えば、「ビィトンのひと」である私と「グッチな」あなたとは、たとえ競い合うことはあっても（どちらがより洗練されたイメージを表わしているか）、ともに何ごとかを分かち合う関係を築くことはありません。私とあなたの関係において大切なのは、互いの人間性や個性ではなく「ビィトン」や「グッチ」といったモノの違いだけなのです。このように、相手の個性や独自性に触れようとするのではなく、モノを基準に判断された自他の違い＝「記号の差異」のみにこだわる態度は、自己完結したコミュニケーションを引き起こさずにはおかないでしょう。なぜなら、

自他について「モノ語る」ことで、それぞれの「自分らしさ」——ヴィトンな私/グッチなあなた——が再確認されるだけだからです。

　このように考えると、「モノ語り」の人々が交わすコミュニケーションは、限りなく「自分」へと向かっていく点で自己愛的であり自己完結的です。それは現代において、一部だけでなく、よりおおくの人々に共通して見出される傾向ではないでしょうか。

「モノ語りの人」の不安
　こうした「モノ語り」の人々は、はたして「自己中心的」なのでしょうか。一見すると、そう思われます。なぜなら、モノで着飾ることに夢中になり、相手の中味ではなく身につけているモノにだけこだわることは、「人を人とも思わない」身勝手な態度と看做されるからです。
　ですが、ここで考えねばならないことは、自己中心的な「モノ語り」の人々の「自己＝自分らしさ」自体が、実のところきわめておぼつかないものだという点です。それというのも、そうした「自己」は、つねにモノによって語られ続け、自己愛を充たしてくれる相手によって承認されねばならないからです。ここで求められている「相手」が、モノの記号性をともに理解できる「イメージ共同体の住人」であることは、今さら改めていうまでもないでしょう。このように「モノ語りの人」はたしかに自己中心的なのですが、いつも自己をモノで確認せねばならないというアイロニーに見舞われてもいるのです。
　こうした「自分」のおぼつかなさを考えると、「モノ語りの人」が抱えている不安がなにであるかが垣間みえてきます。それは、どこまで「モノ語って」もたどり着くことのできない「自分らしさ」ではないでしょうか。「自分らしさ」や「相手らしさ」をブランド品や高級グッズで表現しようとしても、他者との関係に支えられた「自分らしさ」を実感することはできません。なぜなら、自己愛を確認する「鏡」ではなく、実像を映す「鏡」であってこそ他者は「自分らしさ」の生成に寄与するからです。しかしながら、「モノ語り」が続けら

れコミュニケーションが自己完結していくかぎり、そうした「他者」が現われることはないのです。

　大平がいう「モノ語りの人」は、現代に生きる私たちの姿を的確に描き出しています。自己愛的に自他に接し、その結果コミュニケーションが自己完結してしまう。自己中心的に振舞いながらも、常に自己への不安を抱えている。こうした対人関係における矛盾にみちた葛藤は、現代に生きる私たちのおおくが経験するものでしょう。

3．「やさしい人」のコミュニケーション

「やさしい」若者

　すこしばかり前から、若者の変化を論じる場合に「やさしさ」がキーワードとして使われるようになりました。「最近の若者はやさしい」とか「やさしい男/女がもてる」といった具合に、対人関係において「やさしさ」が重視される傾向がそこに見られます。大平は、こうした現代人の「やさしさ」について興味深い分析をしています。『やさしさの精神病理』は、そのタイトルのとおり「やさしさ」と人々の心の病との関係を、具体的な事例を交えながら論じたものです。

　大平はまず、「やさしい」という言葉の持つ意味が、以前と今とではおおきく変わってきている（大平はそれを「ねじれ」と表現します）ことを指摘します。例えば、ひとりの少女の話として紹介されている今風の「やさしさ」とは、以下のようなものです。満員電車のなかで、あなたは座っているとします。近くに、お年寄りが乗ってきました。さて、「やさしい」あなたはどうしますか。以前の考え方では、老人が電車のなかで立っているのは辛いだろうから、こちらから席を譲ってあげることがやさしい行為だとされます。ですが、きょうびの「やさしさ」は、違います。相手は、自分のことを年寄りとは見られたくないだろう。なぜなら、今のように社会全体が「若いこと」を価値としている時代では、他人から「あなたは老人だ」と看做されることは誰にとっても嬉しく

ないからです。そうならば、「年寄り扱いされたら気を悪くするだろう」とこちらから気を使って、あえて席を譲ることをしない。これこそが、今の若者たちの「やさしさ」だそうです。

この例には、従来からのやさしさと現代の「やさしさ」の違いが見事に示されています。どちらの場合も、「相手のことを思いやる」点では同じなのですが、そのやり方がおおいに違います。違うどころか、対照的ですらあります。従来のやさしさを身につけている人からみれば、席を譲らないことはやさしくない行為です。ですが反対に、今の「やさしさ」からいえば、相手を老人とみなし席を譲ることは、きわめて「やさしくない」ことなのです。

こうした「やさしさ」の具体例を考えていくと、現代社会において「やさしさ」が取り沙汰される背景には、やさしさ自体の変化が潜んでいると判断されます。

「やさしさ」の自己愛

それでは、やさしさの何がどう変化しているのでしょうか。まずいえることは、今風の「やさしさ」には、過剰とも思えるほどの「気づかい」が見られる点です。先の例でいえば、もしも自分が席を譲れば、それは相手を老人と看做したことになる。他人に老人と見られることは、相手にとって不愉快なことに違いない。こうした「気づかい」のために、若者は席を譲らないのです。

ですが、ここで注意すべきことは、こうした自分から相手への「気づかい」は、当然のこととして相手から自分への同じような「気づかい」を要求している点です。若者がいう「やさしさ」の別の例として大平があげている、父親と娘の関係を見てみましょう。想定されているのは、夜遊びをして朝帰りした娘を父親が厳しく叱る場面です。娘は父親が自分を怒ること自体は「親の権利」として認めています。ですが、受け入れ難いのはその叱り方です。「バカ、アバズレ」といった罵声を浴びせられたのでは、反省する気も失せてしまうと娘はいいます。娘としては「やさしく叱って」もらいたいのです。

ここには、相手（父親）に「気づかい」を求める若者（娘）の心情が如実に表

われています。娘が父親に怒りを感じている理由は、自分を叱るからではなく、そうした叱り方をされたら相手がどのように感じるのかについて、父親がまったく気づかっていないからです。要するに娘は、自分への「気づかい」を持って叱ることを父親に求めているのです。

　このように考えると、現代の「やさしさ」がある意味で自己中心的であることが分かります。「相手への気づかい」の重視は、「相手からの気づかい」を前提としたうえでのことなのです。では、こうした「気づかい」によって守られているものとは、いったい何なのでしょうか。それは、それぞれが大切にしている面子やプライド（老人と見られたくない「お年寄り」／バカ呼ばわりされたくない「娘」）ではないでしょうか。ここでの議論に引き付けていえば、それは人々が抱く自己愛的な「自分らしさ」にほかなりません。「こういう自分でありたい」とか「他人から、あのように見られたい」といった理想的な自己像が傷つけられたり否定されるとき、若者たちは「やさしくない」と感じるのです。逆にいえば、そうした自己愛的な理想像を壊さないようにすることが、「やさしい」行為にほかならないのです。

予防としての「やさしさ」

　こうした「やさしさ」は以前のやさしさと、どのような点で違うのでしょうか。そうした「やさしさ」は、人々のコミュニケーションにどのような影響を与えるのでしょうか。対人関係において干渉的かどうか／予防的かどうかの二つの軸を設定して、従来のやさしさと今の「やさしさ」の違いを図式化してみましょう（図6-1）。

　これまでのやさしさは、干渉の程度が高く／予防の程度は低いと看做されます。例えば、失恋した友人がいたとします。私は彼がどのような経緯で失恋したのかについて、ほとんど知りません。ですが、相手が深く落ち込み悲嘆に暮れていることはよく分かるので、とりあえず話を聞くために酒でも飲みに連れ出そうとします。とにかく相手をなぐさめ、話を聞くのがやさしい行為だと思うからです。

```
                        干渉の程度
                         高い
                          │
                          │
          お節介          │  これまでのやさ
                          │  しさ
    予防の程度            │
     高い ─────────────────┼───────────────── 低い
                          │
                          │
         現代のやさしさ   │   冷淡
                          │
                          │
                         低い
```

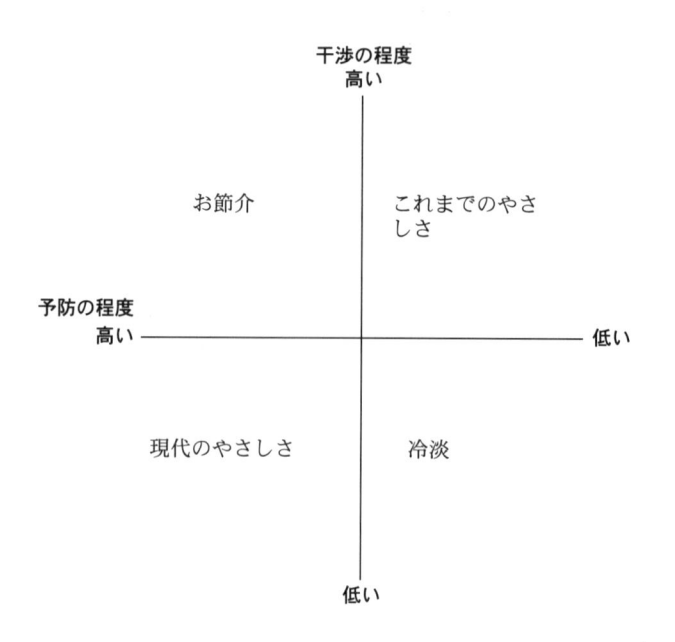

図 6-1　やさしさの分類

　これに対して今の「やさしさ」は、干渉の程度が低く/予防の程度が高いものです。失恋した友人を前にしても、私は無理に話を聞こうとはしません。なぜなら、そんなことをされたら相手が嫌な思いをすることが分かっているからです。また、失恋の原因は彼の優柔不断さにあることに、私はうすうす気付いています。ですが、そのことを彼自身に伝えようとはしません。なぜなら、そんなことをしたら彼自身の性格を問い詰めることになり、彼は恋人だけでなく私との友情関係も失うかもしれないからです。
　このように図式化すると、同じやさしさであっても、従来のものと今のものとでは対照的に異なっていることが分かります。これまでのやさしさと今の「やさしさ」とでは、相手との関わり方が大きく違っているのです。ちなみに、干渉において高く/予防において高いのは「お節介」であり、干渉/予防ともに低いのは「冷淡」と分類されます。

「やさしさ」の自己完結

このように自他への「気づかい」という点から「やさしさ」を考えてくると、「やさしい」行為が互いの「理想的な自己像」を傷つけず、対人関係に葛藤が生じないよう「予防」する性格を強く持つことが明らかになります。その点で、今の「やさしさ」は、ときには相手の領域に踏み込むことも厭わず、互いに共感するなかで相手とのコミュニケーションを深めていく従来のやさしさとは対照的に、お互いの「ありたい自分」を尊重し、それを壊すことがないよう気づかうコミュニケーションとして理解できます。それは、他者との出会いやぶつかり合いを「予防的」に回避している点で、自己完結したコミュニケーションともいえます。なぜなら、「やさしい」私が「やさしい」あなたとやり取りを交わすなかで、それぞれの「自分らしさ」が変わっていくとは思われないからです。むしろ反対に、互いに気づかうことで自己愛的な自分像を確認することになるでしょう。

4. どうして「自分」へと向かうのか

コミュニケーションは希薄化しているのか

ここまでの議論で、「モノ語り」と「やさしさ」を具体例として、現代社会に見られるコミュニケーションの特徴を「自己愛」と「自己完結」の点から考えました。こうした、他者と交わることなくどこまでも「自分」へと向かうコミュニケーションは、私たちの日常を振り返ってみても、けっして奇異なことではないと思われます。

ところで、こうした状況変化は、しばしば「人間性の喪失」とか「コミュニケーションの希薄化」としてメディアなどで取り沙汰されます。たしかに、自己愛的に「モノ語り」を繰り返し、自分が傷つくことを怖れるあまり過剰なまでに「やさしく」振舞う若者の姿をみて、おおくの人々が何かが喪失し希薄化していると感じるのは当然かもしれません。ですが、そうした見方では、現代社会で生じているコミュニケーション変化の一面だけしか理解できないのではないでしょうか。

希薄化/喪失という言葉の限界

　喪失や希薄化という視点から現状を捉えた場合、そもそも「人間性」や「コミュニケーション」とは何なのか、といった問いは封印されてしまいがちです。なぜなら、喪失し希薄化してしまった何ごとか（人間性やコミュニケーション）は、本質的なもの/価値あるものとして最初から前提視されてしまうからです。別の言葉でいえば、希薄化したもの/喪失したもの自体は、根本的な問い直しの対象とされることがないのです。しかしながら、第Ⅰ部でも述べたように、コミュニケーションを考えていくうえで大切なことは、「人間性」や「コミュニケーション」といった根本問題を、時代状況の変化と照らし合わせながら考えていくことです。そうした課題を果たしていくうえでも、早計に「人間性の喪失」や「コミュニケーションの希薄化」として状況を認識することには、慎重でなければなりません。

　また、しばしば喪失や希薄化といった時代のキーワードが、ある種のノスタルジーを込めて用いられていることにも注意する必要があります。つまりそれは、先の世代が後の世代のことを、批判や郷愁を交えて語る際の常套句なのです。簡単にいえば、それは「昔は良かったが今は駄目だ」といった嘆きに過ぎない場合が少なくないのです。

　喪失や希薄化として現代社会を捉えることは、今では「あたりまえ」となっています。そうした時代認識は、なんとなく分かったような気にさせてくれます。ですが、そこには落し穴もあることを、私たちは忘れるべきではないでしょう。

　希薄化/喪失という言葉は上に述べたような危うさを持つと考えるので、本章では敢えて「自己愛」と「自己完結」という視点から、現代社会のコミュニケーションについて考えました。自己愛的な態度は、他者との関係においてどのようなかたちで現われてくるのか。そのとき「鏡に映る自己」は、どう変化するのか。本来ならば相互に交わされるコミュニケーションは、どのような「仕組み」で自己完結してしまうのか。これら現在進行中の諸問題について、いたずらに危機感を煽ったり諦めたりするのではなく、具体的かつ実践的に考

えていくことが、今なによりも求められているのではないでしょうか。

解説・コラム

現代社会のナルシシズム　C.ラッシュは『ナルシシズムの時代』において、自己愛を個人の問題としてではなく、社会全般に共有された「文化」として論じた。こうした文化としてのナルシシズムは、現代日本社会において、もはや「常識」のようになっている。流行のファッションを追いつづけ、身体や外見の美しさに敏感であることは、現代に生きる私たちの宿命のようにすら思われる。メディアを通じて投げ出される広告や映像は、各人の自己愛を際限なく膨らませていく。それゆえ「ナルシシズムの文化」に見られる精神構造―自己中心的・自己愛的―は、個人の特性というよりも社会や時代の傾向性として理解すべきものである。（クリストファー・ラッシュ『ナルシシズムの時代』石川弘義訳、ナツメ社、1981年）

自己愛と「自分らしさ」　自己愛とは、字義どおり「自己」を愛する精神活動やメンタリティであるが、そのことは「自分らしさ」との微妙な緊張関係に置かれる。通常の社会関係において「自分らしさ」は他者との具体的なやり取りのなかで形成されるが、自己愛ではそうした他者への志向性は低い。フロイト理論でいえば、リビドーが他の対象に備給されることなく自我へと鬱積してしまうのである。その結果、自己愛の人はどこまでも「自分」を愛し続けるのだが、同時にどこまでいっても「自分らしさ」が完全にみたされることがない。

モノ語り/やさしさ　精神科医である大平健は、現代日本に生きる人々の「精神病理」を巧みに分析している。ここで大平がいう「精神病理」とは、病気と診断される程ではないが、どことなくおかしな精神状態を意味する。「モノ語りの人」は、自分や他人の人間的な側面についてうまく説明できない。そのかわりに、モノで自他を語らせると、きわめて雄弁な人々である。「やさしい人」たちは、自分と他人との関係にいつも敏感で「相手を傷つけないよう」心がけている。だが、そうした配慮は、どこかで身勝手なひとりよがりや自己愛に結び付いているように思われる。こうした大平の診断は、単なる個別事例の列挙ではなく、私たちのおおくに共通する時代精神を明らかにしている点で、示唆にとむものである。（大平健『豊かさの精神病理』岩波書店、1990年、『やさしさの精神病理』岩波書店、1995年）

「希薄化/喪失」議論の落し穴　凶悪な青少年犯罪や最新メディアを利用した事件が起こるたびに、「最近の若者は人間性を喪失している」とか「バーチャル・リアリティで遊ぶことで、リアル

な感覚が希薄化する」といった論評が識者によって下される。たしかに、「希薄化/喪失」として現代社会の問題を論じることは、分かりやすく人々に受け入れられ易いものである。しかし、こうした物言いは具体性と実践性においてきわめて貧困でもある。なぜなら、「何かしら大事なものが希薄化/喪失してしまった」との批判がなされた場合、それへの対応は「それは大変だ。悲しいことだ」と嘆くか、「それでもしょうがない。運命なのだから」と開き直るかしかないからである。そこに欠けているのは、状況を冷徹に分析したうえで具体的な方策を模索していこうとする知恵である。

設問

1. 「自分」へと向かうコミュニケーションの例として、具体的にどのようなものが考えられるだろうか。また、そうしたコミュニケーションに対して相手はどのように対応しているだろうか。

2. 「モノ語りの人」は、自分のセンスを誰に認められることを望んでいるのだろうか。また、そうした相手は、日常的に接する人々とどの程度に重なりあうのだろうか。

3. 「人間関係の希薄化/喪失」として論じられる現象には、具体的にどのようなものがあるだろうか。また、そうした批判を、どの世代がどの世代に対してすることがおおいだろうか。

7

手段としてのコミュニケーション
自己イメージ操作の多層性

　私たちは日頃の他者とのコミュニケーションにおいて、必ずしも「ともに分かち持つ」ことだけを目指しているのではありません。何らかの目的を達成するために「手段」としてコミュニケーションを交わすことも少なくないでしょう。こうした戦略的なコミュニケーションにおいて、「わたし」と「あなた」の関係はどのようなものとして浮かび上がってくるのでしょうか。本章では、こうした問題を「自己イメージ操作」という点から考えていきます。自分が相手にどのように見られるか。いかにして私についての望ましいイメージを相手に抱かせるか。こうした関心は、現代を生きる私たちのおおくが持つものでしょう。自己イメージを操作することで、私たちはいったい何を行なっているのでしょうか。

1.「手段」としてのコミュニケーション

何かのための「手段」
　これまで見てきたように、何事かを「ともに分かち合う」コミュニケーションは、それ自体を目的として交わされています。つまり、コミュニケーションを通じて互いを理解しあったり、相互に認知/思考/感情を共有すること自体に価値が置かれているのです。
　しかしながら、私たちの日常のコミュニケーションを振り返ってみると、「目的」としてだけコミュニケーションが実践されているわけでないことがすぐに分かります。例えば、大学での友人関係の場合を考えてみましょう。昼ご飯を食べたり喫茶をしながら、自分の彼氏/彼女など互いのプライバシーにつ

いて話をする場合には、コミュニケーションは目的として交わされています。つまり、そこでは仲の良い友達とお喋りすること自体が楽しまれているのです。

　ですが、友達とのコミュニケーションは、こうしたものばかりではないでしょう。テスト期間であれば、友達に試験についての情報を聞いたり過去の問題のコピーをくれるよう頼んだりします。テストが近づくと「友だち」が急に増えるのは、今も昔も変わらない大学文化のひとつのようです。こうした友達とのコミュニケーションは、それ自体が目的ではありません。自分が出ていなかった講義について聞いたり、過去の問題の解答を教えてもらうことは、「試験に合格する」ための「手段」にほかなりません。そこでは、他者とのコミュニケーション自体が楽しまれているわけではありません。友達とのやり取りは、あくまでテスト対策という「目的」のための「手段」としてなされているに過ぎません。

　このように考えると、私たちの日常的なコミュニケーションが、しばしば「目的」ではなく「手段」として交わされていることが確認できるでしょう。それでは、こうした「手段」としてのコミュニケーションは、私と相手とのあいだにどのような関係を作り上げているのでしょうか。

戦略的コミュニケーション

　コミュニケーションが「手段」として交わされるとき、自他の関係はきわめて戦略的になります。先のテスト前の情報交換の例を再び考えてみましょう。私は相手に講義ノートのコピーを分けてあげるとき、相手からの応酬を当然ながら期待しています。そこで、自分がノートをあげるかわりに、別の講義についての資料をくれるよう頼んだりするのです。このように互いに自分の目的（それぞれに講義ノートのコピーを入手する）を達成するために他者とやり取りを交わしていくとき、コミュニケーションは戦略的になります。そこでは、何事かを「分かち合う」よりも「成し遂げる」ことを目指したコミュニケーションが成立しているのです。

　こうした戦略的コミュニケーションの代表的なものは、やはり何といっても

経済活動に関わるものでしょう。例えば、セールスマン/ウーマンは、自社の商品の素晴しさについて言葉巧みに私たちに説明します。そうしたコミュニケーションは、最終的に「商品を売る」という目的に役立つものでなければなりません。また商品を買う側である私たちも、そうした戦略的コミュニケーションに参加しています。なぜなら、少しでも安く「商品を買う」ことを目的として、私たちはセールスマン/ウーマンと言葉を交わしているからです。このように何らかの目標のために互いにやり取りを交わすとき、私たちはいかにうまく自分の目的を達成するかを重視してコミュニケーションを図っています。そこにおいて「わたし」は、何かをともに共有する「相手」ではなく戦略的に働きかける「対象」として「あなた」を捉えています。

「ともに分かち合う」コミュニケーションでは、相手との「働きかけ/応答」を通じて「わたし」と「あなた」がともに変わっていきます。ですが、戦略的コミュニケーションではそうしたダイナミズムは生まれません。私も相手も、あくまで自分の目標を達成することを第一に考え、相手とのやり取りを続けていきます。その結果、自他の関係は「ともに分かち持つ」のとは対照的に、互いに自分の目的を成し遂げるためにいかに相手をコントロールするかに主眼を置いた、競争的で対立的なものにならざるを得ないのです。

「説得」という手段

ここで、戦略的コミュニケーションのひとつの例として「説得」について考えてみましょう。ここでいう「説得」とは、相手の考えを変えさせることを目的として交わされるようなコミュニケーションです。

例として、宗教勧誘の場面を思い浮かべてみましょう。勧誘する側は、自分たちが信じている教義がいかに素晴しいものであるかを私たちに説明します。そして、そうした教義を他の人たちも信じて、教団に入信するよう熱心に勧めます。たしかに、主義主張や宗教的信条についていろいろと相手と議論を重ねることで、その人の考えかたや思想に共鳴することはあるでしょう。そうした場合、結果として私たちは説得/納得させられるのです。ですが、おおくの宗

教勧誘では、最初から相手を説得することが目標として掲げられています。そのため、相手とのあいだで交わされるコミュニケーションは、働きかけ/応答のダイナミズムではなく、勧誘者からの一方的な働きかけ＝「説得の試み」によって特徴づけられます。その証拠に、そうした勧誘を目的としたコミュニケーションにおいて、勧誘される側が変わる（入信する）ことはあっても、勧誘する側が変わる（改宗する）ことは滅多にありません。その理由は、そもそものはじめから相手を説得することだけが目的とされ、コミュニケーションはそうした目的を果たすための手段と看做されているからです。だからこそ、勧誘者にとって相手を変えることは目指されても、自分が変わることはありえないことなのです。

　こうした説得コミュニケーションの例から明らかなように、戦略的にコミュニケーションが交わされるとき、そこでの自他の関係は「ともに分かち持つ」場合とは対照的にきわめて一方的なものであり、さらにそれぞれの「自分らしさ」が変化していく契機を欠いたものとなりがちです。

2．イメージ操作としてのコミュニケーション

「らしさ」の操作

　私たちは、戦略的にコミュニケーションを図っていくうえで、どのような工夫をしているのでしょうか。もっとも一般的に考えられることは、目標を達成するために自分のイメージ＝「らしさ」を操作することです。先のセールスマン/ウーマンの例でいえば、髪形・服装・身につけるもの・言葉づかいなどに気を使い、相手に「信頼できる人物」と思わせることが「商品を売る」ための第一歩です。つまり、自己イメージの操作が、相手に対して望ましい「らしさ」を演出するためになされるのです。自己イメージの操作によって自分の目的（商品の売り込み）を達成することが、そこで試みられています。

　こうした自己イメージ操作は、私たちの日常においてけっして珍しいものではありません。例えば、アルバイトや就職の面接の場で、いつもとは違う「自分らしさ」を演出する人は少なくありません。職を得ようとする場合に、私た

ちは真面目で/誠実で/能力のある人物として自分自身を売り込もうとします。こうした場面では、「職を得る」という目的のために相手とのコミュニケーションが戦略的に交わされているのです。自己イメージを操作することは、そうした戦略的なコミュニケーションをうまく進めていくための必須条件なのです。

「鏡に映る自己」の操作

　さて、こうした自己イメージの操作はどうして可能なのでしょうか。その理由は、第Ⅰ部でみてきたように、私たちが「他者の態度取得」を通じて「鏡に映る自己」を知る/感じることができるからにほかなりません。つまり、「自分が相手にどのように映っているか」を知ることができるからこそ、そうした相手が抱く「私の像」を操作することもできるのです。このように考えると、「自分らしさ」を操作し、相手という「鏡」に映る自分の姿をコントロールすることは、人間のコミュニケーションに特有のものであることが明らかになります。別の言葉でいえば、相手を騙したり欺いたりできるのも、他者の態度を取得することで私たちが相手の身になって考えたり感じたりできるからにほかなりません。

　このように自己イメージ操作とは、相手の身になって自分の姿を捉え直すことで、自分の目的に都合よく「自分らしさ」を演出していくことにほかなりません。人々は「鏡に映る自己」を操作していくなかで、他者との戦略的なコミュニケーションを少しでも有利に進めていこうとするのです。つまり、私たちは戦略的コミュニケーションにおいて、自己イメージを操作することによって他者をコントロールすることを目指しているのです。

3．イメージ操作としての対人関係

「自己目的」としてのイメージ操作

　ところで、自己イメージ操作は、どんな場合でも「特定の目的」を達成するための戦略としてだけ交わされているのでしょうか。先に例として出した、商品を売り込もうとするセールスの場面や就職面接の場面などでは、たしかに明

確な目的（商品を売る/職を得る）を目指して自己イメージの操作が試みられています。ですが、私たちが自己イメージを操作するのは、必ずしもそうした狭い意味での利害＝経済的な利益のためだけではないように思われます。例として、学校教育の場での生徒と先生の関係について考えてみましょう。

「教える側」である先生たちは、それにふさわしい人物になるべく自己イメージ操作を意識・無意識のうちに行なっています。きちんとした服装をし髪形にも気を使い、いかにも「先生らしい」イメージを生徒側に抱かせるように心がけます。こうした自己イメージは、もしかしたら「本当の自分」とは違っているかも知れません。生徒の前では少し気難しく几帳面でとても真面目な先生は、もしかすると妻や子供の前では大雑把で気さくな夫や父親かもしれません。

他方、生徒のほうも学校という場にふさわしい「自分らしさ」を演じています。勤勉で従順で校則を守る「良い生徒」のイメージを先生側が抱くように、自己像をコントロールしているのです。生徒が操作的に演出するこうした自己イメージも、実際の「自分らしさ」とは違っていることでしょう。先生の前ではおとなしい生徒が、学校の外で派手な身なりをして遊んでいてもなんら不思議ではありません。なぜなら、学校での「自分」がイメージ操作したものであるのなら、そうした「良い生徒」とは全く異なる「別の自分」がほかにいたとしても、さして驚くことはないからです。

このように考えると、学校という制度化された場では、先生も生徒もそれぞれ自己イメージを操作したうえで、互いにコミュニケーションを図っているといえます。つまり、それぞれが「望ましい像」や「期待されるイメージ」を自ら担うことで、相互の関係（教える側/教わる側）が成立しているのです。

それでは、どうしてこうした自己イメージ操作が為されるのでしょうか。そこでは、どのような目的が目指されているのでしょうか。そうしたコミュニケーションは、純粋に戦略的といえるのでしょうか。

たしかに、先生が「先生らしく」、生徒が「生徒らしく」振舞う背景には、双方の利害が関係していることでしょう。先生にとっては、威厳を持って生徒に対し振舞うことができれば、より効果的に授業を進めていくことができます。

また生徒は、従順で模範的な生徒として振舞っていれば、学校という場をうまくくぐり抜けていくことができるのです。そうした点では、それぞれの自己イメージ操作は利害に基づいて為されているといえます。

　ですが、学校という場で交わされる自己イメージ操作は、経済的な利害が関わる場面とはいくつかの点で異なっています。第一に、そこでの自己イメージ操作は物質的というよりも象徴的な利益を求めています。なんらかの具体的な物質（商品や財）を獲得するのではなく、他者との関係において「らしさ」を獲得し、そこから社会的な効用を得ることが目指されているのです。第二に、こうした「らしさ」の獲得を目的とした自己イメージ操作では、どちらか一方ではなく双方が首尾よく目的を達成することができます。経済的な関係における自己イメージ操作では、一方が得をすれば他方は損をします。ですが、ここでは両者がともに「得」をする、つまり先生は「先生らしさ」を手に入れ生徒は「生徒らしさ」を手に入れることで、それぞれが効率的に学校という場での対人関係をこなしていくことが十分に可能なのです。こうした点を考えると、学校という場での自己イメージ操作は、ある意味ではそれぞれの利害に基づいている部分はあるのですが、それ以上に「自己目的」として交わされているように思われます。

「儀礼」としてのイメージ操作

　それでは、学校のような場面で自己イメージ操作が「自己目的」として交わされるとき、そこでは何が為されているのでしょうか。別の言葉でいえば、そうした自己イメージ操作としてのコミュニケーションによって、私と相手とのあいだにどのような関係が築き上げられているのでしょうか。

　ここで、「儀礼」という点から自己イメージ操作の持つ意味について考えていきましょう。辞書によると儀礼とは「社会的慣習として、形式を整えて行なう礼儀」（『広辞苑』第四版）とあります。日常的な感覚では、儀礼とは卒業式や入学式、結婚式や葬式といったさまざまな「式典」としてイメージされます。そうした式典では、たしかに「形式を整える」ことが重視されます。どんな服

を着るのか。どんな言葉遣いをするのか。どんな場所で取り行なうのか。こうした形式の重視は、ここでの議論に引き付けていえば、「らしさ」を大切にすることと理解できるのではないでしょうか。つまり、式典において大切なことは、「それらしさ」なのです。入学式は、新入生を祝う初々しいものとして。結婚式は二人の門出を祝う喜ばしいものとして。葬式は、故人に想いを馳せるしめやかなものとして。こうしたそれぞれの式典に期待される「らしさ」を作り上げることが、儀礼の役割にほかならないのです。

　ところで、何も特別の式典に限らず私たちの社会生活のおおくの部分は、ここで考えているような「儀礼」の側面を持っています。家族関係であれ友人関係であれ、そこでは何かしらの形式と「らしさ」が必要とされます。そうしたものを欠いては、そもそも「家族らしさ」や「友達らしさ」を感じることができないでしょう。

　このように考えてくると、自己目的としてなされる自己イメージ操作が、儀礼と深く結び付いていることが明らかになります。つまり、自己目的的なイメージ操作は、そこで交わされている対人関係を「それらしく」するために為されていると考えられるのです。先に例示した学校での教師と生徒の自己イメージ操作でいえば、教える側が「先生らしさ」を教わる側が「生徒らしさ」をそれぞれ演じることによって、その場が「学校」として儀礼的に作り上げられるのです。どちらかの「らしさ」が欠けてしまえば、そこでの関係は「学校らしさ」を感じさせないものになってしまうでしょう。

　こうした点を踏まえると、自己イメージ操作は狭い意味での利害（経済的利益）だけでなく、より社会的な目的として儀礼的な関係の構築を目指して為されているといえるのです。

4．自己イメージ操作の快楽

イメージ操作の快楽

　ここまでの議論で、自己イメージ操作が、一方では戦略的に他方では儀礼的に為されていることをみてきました。たしかに、私たちはそうした自己イメー

ジ操作を頻繁に交わしているように思えます。ですが、戦略とも儀礼とも異なる自己イメージ操作が、現代社会においてますます高まってきているのではないでしょうか。その点について、イメージ操作の快楽という点から考えていきます。

　私たちは、身につけるファッションやモノ、話し方や接し方を変えることで、巧みに自己イメージを操作しています。例えば、親や先生には「おとなしい子」と思わせつつ、友達のあいだでは「派手ズキ」でとおり、彼氏の前では「可愛い奴」でいることは、けっして難しいことではないでしょう。なぜなら、それぞれの場面ごとに自己イメージを操作することで、相手ごとに異なる「私らしさ」を抱かせることができるからです。こうした自己イメージの操作は、たしかに戦略や儀礼の面を持っていますが、それ以上にそうしたイメージ操作を行う人々にとって「快楽」として体験されているように思われます。つまり、異なる相手ごとに違った「自分らしさ」を演じることは、明確な利害や社会的な要請に基づいて為されるわけでなく、ただ単にそれが楽しいから／面白いから為されているのです。

　こうしたイメージ操作の快楽は、私たちが抱く「変身願望」と深く関わっています。人はだれしも、今ある自分とは違った「別の自分」になることを夢みています。第Ⅰ部で見てきたように、モノが記号として「自分らしさ」を表現する現代の消費社会では、そうした「変身」はモノを取り替えたり付け替えることで比較的簡単にできてしまいます。つまり、普段とは違うモノを身につけることで、私たちは「変身」気分を味わうことができるのです。自己イメージ操作が楽しい／面白いのは、そうした変身願望を充たしてくれるからにほかなりません。

「自分らしさ」の発見

　それでは、こうした自己イメージ操作はどうして快楽なのでしょうか。それぞれの相手ごとに違った「自分らしさ」を演じたり変身することが、どうして楽しいのでしょうか。ここには、現代の「私らしさ」をめぐるひとつの逆説が

潜んでいるように思われます。

　戦略であれ儀礼であれ自己イメージが操作されるとき、そこにはあらかじめ確立された「自分」が想定されています。つまり、確固たる「わたし」が最初にあって、相手を騙したり他人に同調するために自己イメージを操作していると考えられています。ですが、快楽として自己イメージ操作が為されるとき、そうした「わたし」が自明なものとして前提視されているようには思えません。別の言葉でいえば、必ずしもはじめに「わたし」があって、自己イメージを操作しているわけではないのです。要するに、そこでは「わたし」の存在が希薄です。だとしたら、快楽としての自己イメージ操作において、「自分らしさ」はどのように感じ取られているのでしょうか。

　快楽としての自己イメージ操作では、あらかじめ存在する「わたし」が相手を欺いたり騙したりする場合とは反対に、相手に映る像を操作していくなかではじめて、「自分らしさ」が実感されているのではないでしょうか。つまり、自己イメージを操作することの快楽は、そこで感じ取られる「自分らしさ」と関わっているように思えるのです。相手に映る自分の像をその場ごとに変えていく。異なる相手ごとに違った自己を演出していく。こうした自己目的化した自己イメージ操作のなかでかろうじて感じ取られる/確認されるものこそが、「自分らしさ」にほかならないのです。

　ここには、従来とは根本的に異なる「自分らしさ」が見られます。最初から「本当の私」があって、それが色々な「わたし」を演じているのではありません。そもそもそうした「本当の私」を欠いたところで、「自分らしさ」を発見するために自己イメージ操作が試みられているのです。

「文化」としてのイメージ操作

　ところで、このように自己イメージを操作していくなかで「自分らしさ」を感じ取り、そこに快楽を感じることは、現代を生きる私たちにとってさして珍しいことではありません。流行のファッションだけでなく、ダイエット・フィットネス・美容整形・ピアッシング・タトゥーなどは、ひとつの「文化」とし

て受け入れられています。こうしたモノで着飾ったり自らの身体を望ましい形に変えることは、自己イメージを操作していくことにほかなりません。人々は、そうした活動を通じて「変身」することを楽しんでいるのです。

このようなイメージ操作が、何かの目的を達成するためというより、それ自体を楽しむために為されていることは明らかでしょう。さまざまなモノから作り出された「望ましい/こうありたい自分」のイメージを消費していくなかで、私たちは「自分らしさ」を感じ取ることができます。だからこそ、おおくの人々は自らの身体を着飾ったり/鍛えたり/作り替えることに夢中になるのです。

例えば、フィットネスで鍛えた「ナイスバディ」を日焼けサロンで好みの色に変え、全身にピアスをちりばめ「ストリート系」のファッションに身をまとうとき、そこでは自己イメージを過剰なまでに操作していく果てに感じ取られる「私らしさ」が楽しまれているのです。ときとして人目もはばからず、ただ「好きだから」とか「楽しいから」との理由で為されるそうした自己イメージ操作は、戦略や儀礼としてのイメージ操作とはやはり根本的に違っています。演出された自己イメージは、何かの目的にではなく自分自身に向けられています。そうした自己イメージを自らのうちで消費していくなかで、人々は「自分らしさ＝居心地のよい私」を感じ取っているのではないでしょうか。

このように記号としてのモノを身にまといつつ自己イメージを操作し、そうしたイメージを消費することで「自分らしさ」を確認することは、現代の消費社会における「文化」にすらなっています。

ここで整理のために、本章で論じてきた自己イメージ操作とコミュニケーションとの関係を図式化してみましょう（図7-1）。縦軸に自己イメージ操作の高低を、横軸にコミュニケーションにおける手段的/目的的の違いをとって、四つの象限に分けます。そして「個人にとっての意義/対人関係のありかた」をそれぞれに考えてみます。

すると、自己イメージ操作の程度が高く手段的なものが「戦略/競合的」と分類されます。そこでのコミュニケーションは個人にとって戦略であり、また

```
              自己イメージ操作
                  高い

       快楽/演出的    │    戦略/競合的

目的的 ────────────┼──────────── 手段的

       惰性/日常的    │    順応/権威的

                  低い
```

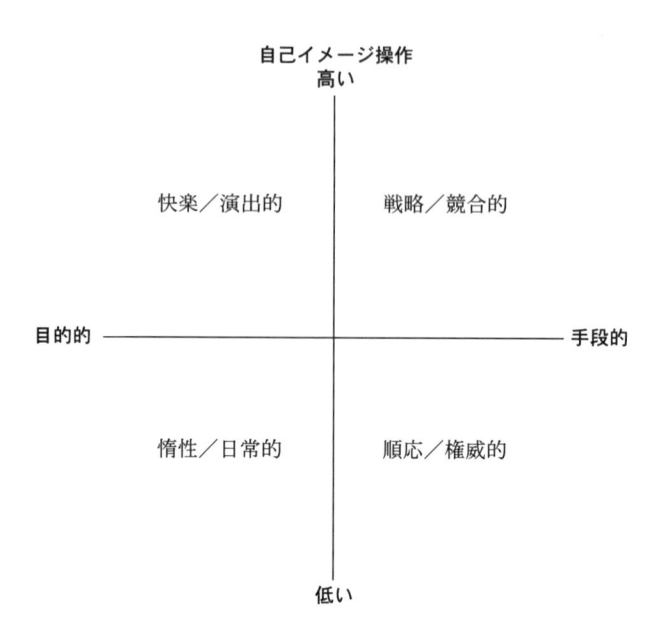

図 7-1　自己イメージ操作とコミュニケーション

他者との関係は競合的なものです。他方、同じくイメージ操作の程度は高いのですがコミュニケーションが目的的な場合は「快楽/演出的」となります。そこでのイメージ操作は個人にとって快楽であり、他者との関係は演出的なものとなります。現代の消費社会における「文化」としての自己イメージ操作は、このような「快楽/演出的」に該当します。

それから、手段的でありながら自己イメージ操作が低いものは「従順/権威的」です。もはやそれぞれが自己のイメージ操作をする必要もないほどに管理が徹底した学校教育の場などを考えれば、こうした類型のイメージが湧くでしょう。最後に、コミュニケーションが目的的であり自己イメージ操作が低いものは「惰性/日常的」です。これは、あまりに日常的であるため「儀礼」としてのイメージ操作すら必要としないものです。

このように分類・図式化すると、同じ自己イメージ操作でも「快楽/演出的」

と「戦略/競合的」とでは、個人にとってのコミュニケーションの意義と他者との関係性がおおきく異なることが明らかになります。先に述べたように、そうした違いは「自分らしさ」のありかたの違いと密接に関わっているのです。

解説・コラム

コミュニケーションにおける目的と手段 「ともに分かち合う」コミュニケーションでは、他者とのやり取りはそれ自体を「目的」として行なわれている。つまり、相手とコミュニケーションを図ること自体が楽しまれているのである。それに対して、「なにかを成し遂げる」ためにコミュニケーションが交わされる場合、それは「手段」として実践されている。コミュニケーションが相手とのあいだで手段として交わされるとき、両者の関係は戦略的になりがちである。私たちの日常生活では、目的としてのコミュニケーションと手段としてのコミュニケーションとが入り交じっているのが現実である。

自己のイメージ操作 私たちは、日々のコミュニケーションにおいて、自分のイメージを選択的に操作しながら相手と接している。つまり、ありのままの自分ではなく、その場ごとに都合の良い/望ましい自分の姿を相手に対して提示しているのである。社会学者のゴフマンは自己提示(self-presentation)という観点から、人々の社会関係は行為者が互いに自己像をコントロールしながら相手に接することで成り立つものと看做した。つまり、ゴフマン理論においては、人々の社会関係は「劇場」とのアナロジーによって捉えられるのである。
（E. ゴフマン『行為と演技』石黒毅訳、誠信書房、1974年）

儀礼とコミュニケーション
文化人類学が明らかにしてきたように、「未開社会」において人々のあいだのコミュニケーションは「儀礼」を成り立たしめるうえで重要な位置を占めている。つまり、儀礼でのコミュニケーションを通じて、人々のあいだで何事か「宗教的・超越的なもの」が分かち持たれることが必要なのである。こうした「儀礼」とコミュニケーションとの関係は、私たちの日常生活においても当てはまる。日々の何気ない相手とのやり取りはある種の「儀礼」として行なわれる。そして、儀礼的なコミュニケーションを通じて日常的な対人関係が「あたりまえ」として作り上げられていく。(E. ゴフマン『集まりの構造』丸木恵祐ほか訳、誠信書房、1980年、『出会い』佐藤毅ほか訳、誠信書房、1985年)

イメージ操作と「私らしさ」
自己イメージ操作は、「本当の私」とは違う「別の私」を作り出すだけではない。自分自身のイメージを操作的に提示していくなかで逆説的に「本当の私らしさ」

7 手段としてのコミュニケーション 109

が感じ取られ、そのことが快楽として体験される。だからこそ、ファッションをはじめさまざまなモノによって「自分らしさ」を演じることが、現代社会に生きるおおくの人々に受け入れられているのである。この場合、イメージ＝虚像という図式はもはや成り立たない。つまり「私らしさ」に関していえば、イメージは実像（本当の私）に劣るものではなく、そうしたイメージの働きによって「本当の私」がひとつの「らしさ」として浮かび上がるのである。

設問

1. 私たちはどのようなときに「手段」としてコミュニケーションを行なっているだろうか。具体的な場面を想定して答えなさい。

2. 戦略的にコミュニケーションが交わされるとき、私たちは相手をどのような存在と看做しているだろうか。交わりとしてのコミュニケーションの場合と比較して論じなさい。

3. 日々の日常において、私たちはどのようにしてポジティブな自己イメージを維持しているだろうか。また、それは何のために為されているのだろうか。

8

メディア依存するコミュニケーション
「想像の共同体」とリアリティ

　私たちの日々のコミュニケーションは、相手と直接対面したものだけでなく、さまざまなメディアをあいだに介したかたちで交わされています。そのことによって、コミュニケーションへのメディアの影響がますます高まっているように思われます。コミュニケーションがメディアに媒介されることで、どのような変化が生じているのでしょうか。私たちが相手と交わすコミュニケーションがメディアに依存することで、どのような社会的変化が生まれてきているのでしょうか。本章では、こうした現代社会の特徴のひとつであるコミュニケーションのメディア依存について考えていきます。

1. 対面コミュニケーション/メディアを介したコミュニケーション

メディアを介したコミュニケーション
　私たちの日常生活を振り返れば明らかなように、現代社会での人々のコミュニケーションのおおくは対面的に（face-to-face）ではなく「メディアを介して（mediated）」行なわれています。私たちが「世の中で起こっていること」を知るのは、おおくの場合テレビや新聞などマスメディアが伝える情報によってです。

　例えば、政治の場ではどのような議論がなされているのか。どのような犯罪事件が今日起きたのか。日本の経済状況は良い方向に向かっているのかどうか。芸能界ではどのようなスキャンダルが取り沙汰されているのか。こうした自分の身の回りの世界を超えたところで生じている日々の出来事について、私たち

はメディアを介したコミュニケーションによっておおくのことを知ることができます。

　特定の相手とコミュニケーションを図る際にも、メディアを介したコミュニケーションの影響は大きくなっています。例えば、大学のゼミの件で友だちと緊急の連絡を取りたいとしましょう。大学やバイト先で直接会ったときに話すよりも、自宅に電話したり携帯電話で相手をつかまえるほうが確実に連絡を取ることができます。さらに、FAXや電子メールが使えれば、より詳細な連絡内容を伝えることができるでしょう。

　このように不特定多数を相手とするマス・コミュニケーションだけでなく、特定の相手とのパーソナル・コミュニケーションにおいても、メディアに媒介されたコミュニケーションが占める割合が大きくなっています。つまり、現代の私たちの日常生活において、メディアを介したコミュニケーションはごくごくありふれた「あたりまえ」のことなのです。

　それでは、こうしたメディアに媒介されたコミュニケーションは、私たちにどのような影響を与えているのでしょうか。

マスメディアの功罪

　マスメディアを使ってコミュニケーションを図ることで、私たちは以前には知ることができなかった「世界」についておおくの情報をえることができます。例えば、遠くはなれた外国で起きた事件であっても、私たちはテレビの前に居ながらにして事件の詳細について「知る」ことができます。怪我人は何人なのか。容疑者は逮捕されたのか。犯行の動機は何なのか。こうした事柄について、メディアはこと細かに報じてくれるので、私たちはあたかもその場に居合わせたかのように、事件について「知る」ことができるのです。

　このようにテレビに代表されるマスメディアは、迅速に大量の情報を提供してくれます。そのお陰で、私たちは身の回りの世界だけでなくより広い「世界」について知識をえることができます。つまり、メディアに媒介されたコミュニケーションは、私たちの「知ることができる世界」を拡張してくれるので

す。

　こうしたマスメディアの働きは、私たちの日常において「あたりまえ」すぎて、その恩恵を意識することは稀かもしれません。ですが、何かの事情でマスメディアが使えなくなったとき、私たちは不自由を感じずにはいられません。日頃「あたりまえ」に入ってくるいろいろな情報が遮断されてしまうことで、私たちは不自由さと不安を感じることでしょう。メディアを介したコミュニケーションが無くなってしまうことは、あたかも「世界」から取り残されたような疎外感を引き起こすのです。

　このようにマスメディアによって大量の情報をえることは、現代社会に生きていくうえで必須の条件ともなっています。ですが、その悪影響も少なくないように思われます。しばしば指摘されるように、マスメディアに媒介された情報は、画一化された一面的なものとなりがちです。そうした情報を人々が鵜呑みにすることで、世論が誤った方向へ導かれることも少なくありません。

　例えば、犯罪報道において各種メディアがこぞって特定の人物を「容疑者」として報道し、その人の生い立ちから現在の人間関係に至るまでを詳細に報道したとします。メディアのセンセーショナルな報道によって、おおくの読者や視聴者はその人物をあたかも「犯人」のように思ってしまうでしょう。ですが、その「容疑者」が実は無実で、真犯人は別にいたとしたら、どうなるでしょうか。メディアに「容疑者」として報道されたことによる被害は、甚大なものです。その人の人生を台なしにしてしまうこともないとはいえません。こうしたメディアによる「いきすぎた報道」を、私たちはこれまで何度も目にしてきました。

　マスメディアによるセンセーショナルで一面的な報道の危険性については、メディア絡みの事件が起こるたびに批判がなされ、そのたびに関係者が反省を示してきました。ですが、各テレビ局のワイドショーなどを視ていると、そうした危険はいまだにマス・コミュニケーションのあり方自体に潜んでいるように思われます。

メディアを介することの自由と不自由

　メディアを介したコミュニケーションは、なにもマス・コミュニケーションだけに見られるものではありません。特定の相手とのコミュニケーション＝パーソナル・コミュニケーションにおいても、メディアは頻繁に利用されています。こうしたパーソナルなレベルでのメディアに媒介されたコミュニケーションには、どのようなメリットがあるのでしょうか。

　近年急激に普及した携帯電話（ケータイ）について考えてみましょう。人々はどうしてケータイを使うのでしょうか。まず考えられることは、それがとても便利だからです。従来の電話であれば、本人が自宅にいなければ話すことができません。いくら電話をかけてもその場に相手が居なければ、連絡を取ることはできないのです。それに対して、人々が持って歩くことができるケータイならば、本人が家にいなくても容易に連絡を取ることができます。外出先であろうと電車やバスのなかであろうと、相手がケータイを携帯しているかぎり、私たちは話すことができるのです。このようにケータイの便利さは、基本的に相手がどこにいても連絡を取ることができる点にあります。つまり、空間的な制約に煩わされることなく、相互に連絡を取り合うことができるのです。

　こうした便利さと同時に、メディアに媒介された相手とのコミュニケーションには、ある種の不自由さが伴います。何らかのメディアに媒介されることは、対面状況でのコミュニケーションと比較して何かが欠けています。例えば携帯電話の場合、私たちは「声だけ」で相手とコミュニケーションを図らねばなりません。対面状況であれば容易に分かる相手の表情や身ぶり手ぶりから、言外のメッセージを得ることはできないのです。対面状況ならば「ああ、いいよ」との了解の返事が心からのものなのか、それとも社交辞令なのかを見分けることは、さして難しくありません。なぜなら、笑顔で答えたのなら心からのもの、仏頂面で言っていれば社交辞令というように「言葉」以外のメッセージを私たちは受け取ることができるからです。ですが「声だけ」のコミュニケーションでは、こうした言外のメッセージをやり取りすることは容易ではありません。相手が本当にそう思って言っているのか、それとも本心は別のところにあるの

か。言葉通りに受け取っていいのか、それとも言葉の裏に別のメッセージが潜んでいるのか。こうした不安が、「声だけ」のコミュニケーションには常につきまといます（だからこそ、人は携帯電話で話すだけでなく、直接会ってお喋りしたくなるのです）。

インターネット・ブームのなかで利用が高まっている電子メールにも、同様なことがいえます。メールを使えば、好きなときに相手と連絡がとれ、手紙よりもずっと早く情報を伝えることができます。また電話やケータイと違って相手や自分の都合が良いときにメッセージを読むことができる点が、メールのメリットとして注目されています。こうしたメールでのコミュニケーションは、たしかに便利なものです。ですが、「文字だけ」のやり取りには、それなりの不自由さが伴ってもいます。

同じ言葉で表現されても、それが笑いながらのものなのか真顔で言われたものなのかによって、その意味はおおきく変わってきます。例えば、対面状況で相手から「馬鹿やろう！」といわれた場合を考えてみましょう。コンパの席で気心の知れた仲間からふざけ半分に「馬鹿やろう！」といわれたならば、それはある種の親愛の情を表現したものだと私たちは理解します。他方、会社の仲の良くない同僚から会議の席で「馬鹿やろう！」といわれたなら、それは自分に対する相手の怒りや憤りが爆発したものと受け取らねばなりません。このように同じ「馬鹿やろう！」との言葉も、それが発せられる状況によって全く異なる意味合いを持ちます。日常の対面的コミュニケーションにおいて私たちは、相手の表情やその場の雰囲気からそうした違いを敏感に感じ取っています。ですから、親愛の情である「馬鹿やろう！」に対して怒ったり、敵意の表明である「馬鹿やろう！」を喜んだりすることは、滅多にありません。

しかしながら、メールなど「言葉だけ」のコミュニケーションでは、そうした区別をすることが困難です。なぜなら、相手からのメッセージは言葉でしか伝えられません。そのため、それが笑いながら言われたのか真剣に言われのかを、書かれた文字だけから判断することは容易でないからです。しばしばメールでのコミュニケーションにおいて、スマイルマーク（(^_^)）などの絵文

字が使われるのは、そうした文字だけでは伝わりにくい話し手の感情や思いを、どうにかして伝えようとする試みだと思われます。

　このようにメディアを介して相手とコミュニケーションを図ることは、時間的/空間的制約に煩わされない点で便利ですが、対面状況とは異なる「何かだけ」のコミュニケーションは、相手とのあいだに誤解や不安を生みだしもします。

2．メディアによる媒介と「想像の共同体」

　ここまでの議論でみてきたように、メディアを介したコミュニケーションは、マス・コミュニケーションにおいてもパーソナル・コミュニケーションにおいても、私たちにおおきな影響をもたらしています。別の言葉でいえば、現代社会では、対面的なコミュニケーションと比べてメディアに媒介されたコミュニケーションが占める割合がますます大きくなってきているのです。それでは、こうした変化は「ともに分かち合う」コミュニケーションに対して、どのような変化をもたらしているのでしょうか。メディアに媒介されることで、「ともに分かち合う」内容や形式にどのような変化が生じているのでしょうか。

活字メディアと「読書する公衆」

　これまでのメディアの歴史を振り返ってみると、新しいメディアの誕生は、ただ単に迅速かつ大量の情報伝達を可能にしただけでなく、メディアに媒介されることで「新たな集団」を作り上げてきたことが分かります。例えば、近代における活発印刷術の発明によって、ビラ、冊子、新聞といった活字メディアが発達したことで、そうした文字情報を読む人々の集団が形成されました。新聞や雑誌を読む人々は、対面状況で直接に出会うことはありません。ですが、活字メディアが伝える情報を「ともに分かち合う」ことで、同じ情報＝意味世界を共有する仲間としての意識を持つようになります。つまり、実際に互いの顔を見ることがなくても、「想像の共同体」（アンダーソン）のメンバーとして帰属意識を身につけるのです。

ハーバーマス（Habermas, 1929-）は、近代市民社会成立期にみられた新聞などの文字情報で結び付けられた人々の集まりを、「読書する公衆（reading public）」として捉えました。「読書する公衆」とは、活字メディアによって媒介された人々の集まりにほかなりません。そこでは、従来のような対面状況でのコミュニケーションではなくメディアに媒介されたコミュニケーションを通じて、人々のあいだに何事かが「ともに分かち持たれ」ているのです。

　このようにメディアに媒介されることは、対面状況とは異なる規模と内容において「ともに分かち合う」集団を作り上げます。つまり、新しいメディアが誕生することで、これまでにみられなかった新しいコミュニケーション形態が生まれる。その結果、そうしたコミュニケーションによって結び付けられた人々の集まり＝社会集団が形成される。こうした一連の過程を、活字メディアが社会にもたらした変化として理解することができます。

映像/モノ・メディアと「消費する大衆」

　メディアに媒介されることで新たな社会集団が生まれるプロセスは、なにも活字メディアだけに特有のものではありません。新聞・雑誌といった活字メディアに続くラジオ、映画、テレビといった音声・映像メディアも同様に、それらメディアに媒介された人々の集まりを作り上げてきました。こうしたメディアに媒介されることで対面状況とは異なる社会集団が形成される事態は、現在でも変わることなく続いています。例として、テレビ視聴について考えてみましょう。

　テレビ番組を視ている人々は、互いに相手のことを知りません。特定の番組を誰が視ているのかは、実際のところテレビ局側にも正確にはわからないのです。しかしながら、視聴者としてテレビドラマなどを視るとき、私たちはなぜかしらある種の「共同体意識」を感じることがあります。自分以外にもおおくの人々がこの同じ番組を視ているに違いない。そして、その人たちと自分とのあいだで、なにかしら（例えば、番組を視て得られる感動や共感）が「ともに分かち持たれている」はずだとの印象を抱いたりします。つまり、同じテレビ番組を

視ている人々のあいだで「想像の共同体」が形成されるのです。

　ここで、第Ⅰ部で論じたモノのコミュニケーションについて思い出してみましょう。服装やアクセサリーといった記号としてのモノをひとつのメディアと考えれば、「想像の共同体」についてより具体的なイメージが湧くでしよう。有名ブランドや最新のアイテムといった流行のモノを身にまとうことで、私たちはそのモノが記号として持つ「意味」をともに分かち合う＝味わう人々の集団に属することができます。つまり、モノというメディアに媒介されることで、見ず知らずの人々のあいだに「仲間意識」が生み出されるのです。こうしたモノ＝メディアが作り上げる「想像の共同体」は、ファッション雑誌など他のメディアによって再生産されます。自分が好きなブランドを取り上げたファッション雑誌を読むことで、読者たちは特定のブランドを信奉する「イメージの共同体」を作り上げ、自らをそこの住人として位置付けます。そのことによって、自分だけでなく他にもおおくの人々が、同じ「イメージの世界」を生きていることが確認されるのです。

　このように現代社会でも、メディアに媒介されたコミュニケーションはそれ特有の社会集団を作り上げています。ですが、そこには近代当初に見られた「読書する公衆」とは異なる面も指摘できます。「読書する公衆」が政治問題について意見を交わす「議論する公衆」であったのに対して、現代の映像メディアやモノ・メディアに媒介された集団（テレビドラマのファンやブランド信奉者）は、どちらかというと享楽的に消費活動に向かう人々のように思われます。つまり、ハーバーマスが批判的に指摘するように、ラジオやテレビといった電子メディアによって媒介された人々の集まりは、大衆社会における「消費する大衆（consuming mass）」を形成しているのです。「議論する公衆」が政治に関心を持ち批判的言論の担い手になったのとは対照的に、「消費する大衆」は政治に無関心でもっぱら自らの物質的利害だけにこだわる自己中心的な人々として批判されます。

グローバル・メディアと「議論するネティズン」

たしかに、ハーバーマス的な現代分析はある面では的を射ています。ですが、あまりに一面的なようにも思われます。映像メディアに媒介された人々が「消費する大衆」だとしても、それ以外の可能性はまったく残されていないのでしょうか。現代社会において、私たちはメディアに媒介されることで自動的に政治に無関心で無批判な「大衆」に成り下がってしまうのでしょうか。

インターネット時代やマルチメディア社会という言葉で現代社会を捉えようとする人々は、最新の電子メディアに媒介されることに潜む新たな可能性を模索しようとします。例えば、インターネットによって世界中の人々がグローバルに結び付けられることで、これまでの「消費する大衆」とは違った「議論する世界市民」が生まれる可能性を見出そうとするのです。そこでは、インターネットのようなグローバル・メディアに媒介された人々は、ネットワークによって結ばれた市民という意味でネティズン（network＋citizen）と呼ばれます。ネティズンの理念とは、これまでの「消費する大衆」を超えて、かっての市民社会に見られた「議論する公衆」をグローバルな規模で再興しようとするものにほかなりません。

こうしたネティズンの理念が現実化されるかどうかは、現段階では定かではありません。ですが、新たなメディアに媒介されることで新たな「想像の共同体」が生み出されること。そうした社会集団が、旧来のものとは異なる可能性を持つこと。こうした点を理解するうえで、インターネット時代の「議論するネティズン」は注目に値するものです。

3. メディアが作るリアリティ

ここまでの議論で、メディアに媒介されることによって、対面状況とは異なるかたちで「ともに分かち持つ」ことが可能になり、そのことによって新たな集団（想像の共同体）が形成されることを見てきました。ところで、こうしたメディアが作り上げる他者との関係性は、しばしば「疑似環境」とか「バーチャル化」という表現のもとで否定的に語られてきました。ここでは、どうしてメ

ディアに媒介された他者との関わり合いは「本物」とは看做されてこなかったのか。そうした考え方はどのような前提に基づいているのか。さらに、そうした前提が今でも有効なのかについて考えていきます。

メディアが作る世界

マスメディアなどが作り上げた世界を「本物の世界」と区別して「疑似環境」ということは、今ではありふれたものになっています。そもそもは、ジャーナリストのリップマン（W. Lippman, 1889-1974）がマスメディアと民主主義との関係を批判的に論じる際に「個人が頭のなかで描いている環境についてのイメージ」という意味で用いた言葉です。リップマンは、こうした「頭のなかのイメージ」が形成されるうえでメディアがおおきな役割を果たしていることに警鐘を鳴らしました。その後の研究において、疑似環境という言葉はより広い

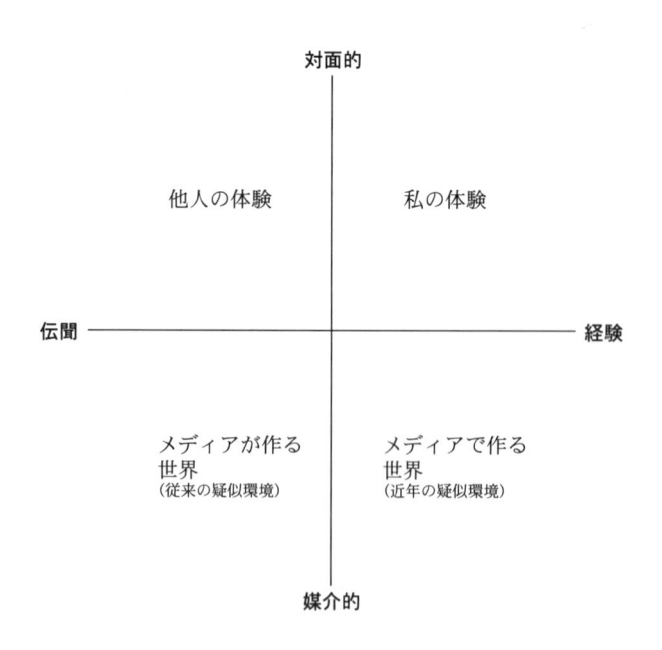

図 8-1 「わたし」が関わる世界

縦軸：対面的／媒介的
横軸：伝聞／経験

- 他人の体験（対面的・伝聞）
- 私の体験（対面的・経験）
- メディアが作る世界（従来の疑似環境）（媒介的・伝聞）
- メディアで作る世界（近年の疑似環境）（媒介的・経験）

意味で「メディアが作り上げる世界」として使われるようになったのです。最近では、こうしたメディアが作り上げる世界のことを、バーチャル・リアリティなどと表現したりします。

メディアが作り上げる他者との関係や世界を「疑似」とか「バーチャル」という言葉で表わす前提には、それとは根本的に異なる「本物」や「リアル」が存在するとの発想があります。つまり、メディアに媒介された関係や世界は本物ではない。だからこそ、「疑似」や「バーチャル」に過ぎないのだとの考え方が、そこに見出されるのです。それでは、疑似でもバーチャルでもない「本物のリアル」な関係や世界は、どこにあるのでしょうか。

従来からの考え方では、対面的な状況で作り上げられる世界や関係こそが「本物」と看做されてきました。議論を分かりやすくするために、ここで図式化してみましょう（図8-1）。縦軸に〈対面的―媒介的〉、横軸に〈経験―伝聞〉をとって、「わたしが関わる世界」を四つの象限に分けます。この場合に、これまで主に「本物」あるいは「リアル」と看做されてきたものは、第一象限と第二象限に属するものです。つまり、対面状況において直接経験されたもの＝「私の体験」や、対面状況で直接相手から聞いた話＝「他人の体験」は、「本当のこと」と看做されます。もちろん、実際には体験であれ伝聞であれ嘘をついたり偽ったりすることもあるのですが、ここではそうした可能性は度外視します。

このように対面状況で経験したり伝聞された事柄を「本物」と看做す発想を踏まえると、これまでに「疑似環境」といわれてきたものが何なのかが明らかになります。それは、メディアに媒介されたかたちで伝聞されたもの＝「メディアが作る世界」にほかなりません。例えば、「テレビでこのようにいっていた」とか「雑誌であのように報じられていた」との表現を私たちはしばしば使いますが、そうした伝聞は具体的な誰かの体験ではなく、メディアが報じる匿名の誰かの体験をメディア側がアレンジしたものです。ですから、究極的にはそれが本当に誰かの「体験」なのかどうかを確かめることは、私たちにはできません。メディアを信用するかぎりにおいて、そうした伝聞は「メディアが作る世界」として私たちの前にたち現われるのです。

このように図式化すると、これまでの「疑似環境」批判が何を目指していたのかが分かるでしょう。要するに、「疑似環境」が「本物」ではないのは二重の意味においてなのです。第一に、それは対面状況でのコミュニケーションによって得られたものではなく、メディアに媒介されていること。第二に、自分自身の経験ではなく伝聞であること。さらに、その伝聞の出所が特定の具体的な他者ではなく、メディアが報じる匿名の他者であること。こうしたことから「メディアが作る世界」は、「私の体験」と「他人の体験の伝聞」からなる「本物の世界」とは違う「作り物の世界」であり、それゆえ「疑似」だといわれるのです。

メディアで作る世界

　このように考えると、これまでの「疑似環境」批判は的を射ているようにも思えます。ですが、近年のテクノロジーの進歩は、こうした本物と疑似との対立自体を無効化してしまうほどに発達しているのではないでしょうか。例として、テレビゲームを考えてみましょう。

　これまで「疑似環境」の代表とされてきたテレビと比べて、テレビゲームの世界は双方向であることが最大の特徴です。つまり、テレビのように一方的にメディアが情報を伝達するのではなく、私たちはメディアとの相互行為のなかでゲームの世界を楽しんでいるのです。いわば、テレビ的な疑似環境が「メディアが作る」ものであるのに対して、ゲーム的なそれは人々が主体的に「メディアで作る」点が最大の違いです。こうした違いを踏まえると、ゲーム的な世界＝「メディアで作る世界」がどうして疑似なのかを論じることは、大変に難しくなります。なぜなら、先に指摘した「本物の世界」と「疑似環境」の違いが、ここでは一部解消されてしまっているからです。

　ゲーム的な世界は、たしかにメディア（テレビゲーム）に媒介されてはいますが、ほかならぬ私自身が体験するものです。それは、匿名の他者の体験をメディアを介して伝聞するこれまでの「疑似環境（メディアが作る世界）」とは、根本的に違っています。もしも、こうした「メディアで作る世界」も疑似であって

本物ではないと論証するのであれば、同じ「経験」であっても対面的なものとメディアを介したものとでは、どこかが根本的に異なることが明らかにされねばなりません。おそらく、最近「疑似」という言葉よりも「バーチャル」という言葉が好んで用いられる背景には、そうした問題意識が意識・無意識のうちに反映しているのでしょう。ですが、たとえ「バーチャル」との言葉を用いたとしても、簡単にその違いが明らかにされるわけではありません。私たちの日常感覚に照らしてみても、その違いはかなり曖昧だといわざるをえません。

　例えば、直接会って相手と話すことが、インターネットやケータイで話すのと比較してより「本物らしい」と、そう簡単にいえるでしょうか。たしかに私たちは、両者のあいだの「違い」を意識しています。しかしながら、その違いは「本物か疑似か」とか「どちらがよりリアルか」というものではなく、「それぞれに異なる本物らしさ」として感じ取られていると思われます。別の言葉でいえば、リアル/バーチャルの違いは、これまでの「疑似環境」批判が自明視してきた本物/偽物の違いに対応するのではなく、むしろ異なる「リアリティ（本物らしさ）」を表わしていると理解すべきではないでしょうか。

リアル/バーチャルの揺らぎ

　このように考えてくると、メディアに媒介された他者との関係として現われている「メディアと作る世界」は、これまでの本物/偽物、リアル/バーチャルのありかた自体を問い直す可能性を秘めていることが明らかになります。

　「疑似環境」を「本物ではない」と批判する言説が成りたつためには、オリジナル＝本物とコピー＝偽物の区別が前提視されていなければなりません。ところが、デジタル技術の発達は、そうした区別を無意味なものにしつつあります。つまり、完全なデジタル複製が可能になれば、そもそもオリジナル/コピーの区別をすることに意味が無くなってしまうのです。こうした変化は、単に技術的な問題としてのみならず文化的な現象としても現われています。ここでも図式を用いて状況変化を追ってみましょう。（図8-2）

　縦軸にオリジナル/コピー志向か脱オリジナル/コピー志向かを、横軸にリア

```
                オリジナル／コピー志向
                       │
                       │
         本物／偽物      │    パロディ
                       │
                       │
   リアル ───────────────┼─────────────── バーチャル
                       │
                       │
        イミテーション    │   シミュラークル
                       │
                       │
                脱オリジナル／コピー志向
```

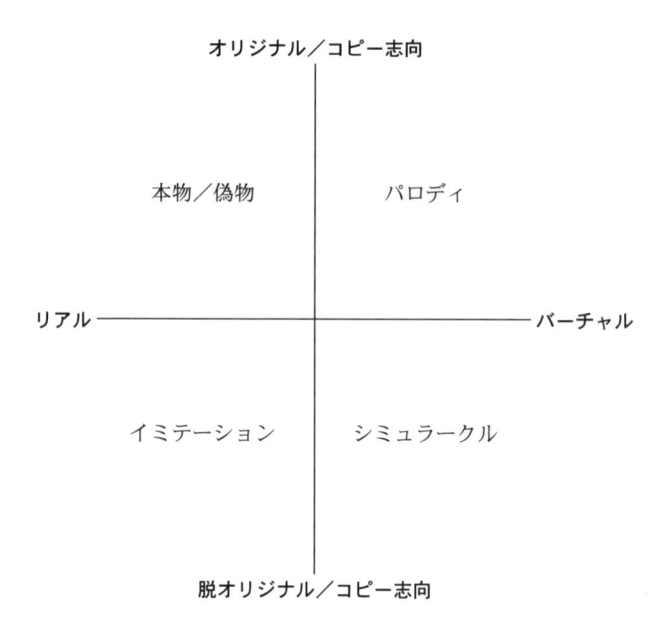

図 8-2　リアリティの諸層

ル志向かバーチャル志向かを取ります。これまで「本物/偽物」と看做されてきたものは、あくまでオリジナル/コピーの違いを重視したうえで、リアルを志向するものです。ですから、「本物」と「偽物」はオリジナルとコピーの関係に相当します。

　それに対して、はじめから「本物ではない」ことが明らかな偽物＝イミテーション（例えば、本物ではないことが誰にでも分かる偽ブランド商品）は、リアルを志向しつつもオリジナル/コピーの違いを重視していません。それは、「本物」ではないけれども本物らしい「まがいもの」を目指しているのです。

　ここでいうパロディは、オリジナル/コピーの区別を重視しつつ、バーチャルを志向するものです。パロディとは、いろいろな仕方で「本物」を茶化したり馬鹿にするものです。その点では、それが「本物」でないことは誰の目にも明らかです。ですが、それはオリジナル/コピーの区別を放棄してはいません。

なぜなら、オリジナル/コピーの違い自体が無効化してしまえば、そもそもパロディの意味が無くなってしまうからです。

最後のシミュラークル（模造品）は、そもそもオリジナル/コピーの区別を重視しないパロディともいうべきものです。それはバーチャル志向という点で「作り物」なのですが、そもそも比較すべきオリジナルを持っていません。敢えていえば「オリジナルなきコピー」なのです。しかしながら、それは独自の「本物らしさ＝リアリティ」を醸し出しています。例として、数年前に登場したバーチャル・アイドル DK 95 伊達杏子をあげることができるでしょう。名前もスリーサイズも出身地も経歴も持ったバーチャル・アイドルは、自分のCDを発売しファンクラブも組織されました。しかし、それは誰か実在するアイドルのコピーではありません。伊達杏子はサイバースペースにだけ存在する、架空のアイドルです。ですが、それが独自のリアリティを持って人々の前にたち現われたことも、ひとつの事実なのです。人々はそこに、実在するアイドルをただ単に真似たのではない、それ自体の面白さを感じ取ったに違いありません。

社会学者のボードリヤール（J. Baudrillard, 1929-）は、こうした「オリジナルなきコピー」としてのシミュラークルが生みだす「本物らしさ」をハイパーリアルと形容しました。それは、本物以上に「本物らしい」作り物なのです。デジタル技術の進歩を背景に電子メディアが飛躍的に普及していく現代社会では、こうしたハイパーリアルさを醸し出すシミュラークルが増えてきています。そのことによって、これまで自明視されてきたリアル/バーチャルの境界が、ますます曖昧になっていくのです。

解説・コラム

「想像の共同体」 B. アンダーソンはナショナリズム研究において、近代に特徴的なナショナルな意識に基づく国民国家が、「想像の共同体」として形成された点を明らかにした。さらに、そうした「想像の共同体」が作り上げられる

過程で、活字メディアがおおきな位置を占めたことを指摘した。つまり、活版印刷術の発達を背景に従来の話される言葉に代わる書かれる言葉が画一化されていくことで、同じ言葉を用いる人々のあいだに想像上の共同体意識が芽生え、それが近代的国家の成立を可能にしたとされるのである。（ベネディクト・アンダーソン『想像の共同体』白石隆・白石さや訳、リブロポート、1987年）

「読書する公衆」から「消費する大衆」へ　J.ハーバーマスは、近代市民社会を担ったブルジョア階級が「議論する公衆」を形成した点を歴史資料をもとに明らかにした。ハーバーマスによれば、議論する公衆は、自由かつ平等に人々が議論する社会的な場である公共圏の主たる担い手であった。しかしながら、その後の大衆社会の発展のなかで、ブルジョア的な公共圏は形骸化していき、同時に「議論する公衆」も当初の批判精神を失い「消費する大衆」へと成り下がってしまった。このようなハーバーマスの現代社会診断は、一面では的を射ているがあまりに悲観的だとの批判が為されている。（ユルゲン・ハーバーマス『公共性の構造転換』細谷貞雄訳、未来社、1973年）

疑似環境　W.リップマンは、大衆社会における民主主義の可能性を批判的に検討するさいに、マスメディアが世論形成に果たす役割に注目した。リップマンは、メディアなどの影響によって人々が抱くようになった「外部世界についてのイメージ」である疑似環境と現実状況とが大きく異なることを、型にはまった一方的な見方である「ステレオタイプ」という点から説明した。メディアはこうしたステレオタイプを増長していくうえで、大きな力を持っているのである。リップマンは、メディアがステレオタイプに基づき疑似環境を作り上げることを、民主主義にとって大いなる危機であると考えた。（ウォルター・リップマン『世論』掛川トミ子訳、岩波書店、1987年）

ハイパーリアル　J.ボードリヤールは、現代社会を分析する際にオリジナル/コピーの区別を根本的に乗り越える必要を説いた。ボードリヤールによれば、現代のメディア文化の状況は、これまで自明視されてきた本物＝オリジナル/偽物＝コピーといった二項対立を無効にしつつある。私たちの周りにあふれているものは「オリジナルなきコピー」としてのシミュラークル＝模造品であり、それは本物以上に本物らしい「ハイパーリアルなもの」として私たちの前に立ち現われているのである。こうした観点からボードリヤールは、ディズニーランドに代表される現代アメリカ文化を独自な仕方で分析した。（ジャン・ボードリヤール『シミュラークルとシミュレーション』竹原あき子訳、法政大学出版局、1984年、『アメリカ』田中正人訳、法政大学出版局、1988年）

設問

1. メディアに媒介されたコミュニケーションの恩恵や害悪を、私たちはどのようなときに感じるだろうか。それぞれについて具体的事例をあげて述べなさい。

2. メディアに媒介されて作り上げられる集団は対面状況で生まれる集団と、どの点で異なるのだろうか。

3. 新たなメディアが人々に受け入れられ、そこで作り上げられた他者との関係が「疑似体験」として否定的に捉えられた例として、具体的にどのようなものがあげられるだろうか。

4. テレビゲームの画像やコンピュータ・グラフィックスは、何に照らし合わせて「リアルだ」と判断されるのだろうか。

9 希求されるコミュニケーション
「ハマる」人々のゆくえ

　これまで見てきたように、現代社会でのコミュニケーションは、一方でナルシシスティックに「自分自身」へと向かい、他者との関係はきわめて操作的になっています。また他方で、メディアがコミュニケーションにおよぼす影響がますます大きくなり、これまでのリアル/バーチャルの区分をゆるがすような「ハイパーリアルなもの」がさまざまなかたちで台頭してきています。このような状況は、本来の「ともに分かち持つ」コミュニケーションとは様相をおおきく異にしています。

　それでは、現代社会において人々はもはや他者とのあいだで何事かを分かち合うようなコミュニケーションを欲してはいないのでしょうか。コミュニケーションへの欲求は消滅してしまったのでしょうか。

　現代社会に起こるさまざまな文化・社会現象を見ていると、コミュニケーションへの欲求はけっして無くなったわけでなく、従来とはかたちを変えながら、ときとして過剰な欲求として人々に抱かれていることが明らかになります。本章では、最近よくいわれる「ハマる」という現象を手掛かりに、そうしたコミュニケーションへの欲求について考えていきます。

1. 「何かしらそれ以上」としての魅力

打算を超えたもの

　現代社会での私たちの生活は、隅々にわたるまで合理化されています。会社組織での人間関係にかぎらず、学校教育の場での先生と生徒の関係、家族や友人との関係、さらには恋人との関係ですら、なんらかの打算や思惑を含んだも

のになりがちです。

　例えば、誰と恋に落ちるのか/どんな相手と結婚するのかを、相手の学歴や収入によって決める若者は、けっして珍しくありません。一昔前に「三高」（高学歴・高収入・高身長）という言葉がメディアで取り沙汰されていましたが、恋人やパートナーを選ぶ際にそうした基準で相手を計ることは、いまでは「あたりまえ」です。このように、恋愛というもっともプライベートな領域に至るまで、私たちの人間関係のおおくの部分は打算的に戦略として交わされているのです。

　しかしながら、こうした打算化や戦略化の進行のなかで、それとは逆の方向を目指す「ともに分かち合う」ことへの欲求も同時に高まってきているように思われます。互いの利害や打算を超えたところで成立する「掛替えのない」人間関係や、報酬や見返りを求めることのない相手への「無償」の献身の素晴しさは、小説やテレビドラマのテーマとして取り上げられるだけでなく、人々の日常生活においても「理想的な人間関係」として夢見られています。

　例として恋愛や結婚ついて考えてみましょう。実際の生活のことを考えれば、将来が安定した無難な相手を選ぶことが「現実的」です。公務員や大企業に勤める男性や良妻賢母的な女性は、将来の安定度という点でトップランクにあげられます。ですが、そうした「安定した安全な」相手との可もなく不可もない恋愛だけでなく、できることなら、もっと冒険や危険にみちた相手とめくるめくような恋をしてみたいとの願望を、おおくの人は心のどこかに抱いているのではないでしょうか。前者のような恋愛・結婚観が現実的な打算に基づいたものであるのに対して、後者のそれは、そうした打算や利害を超えた「理想的な」ものです。どんなに貧しかろうと、どんなに互いの身分が違っていようと、さらに将来どんな苦労が待ち構えていようとも、「愛さえあれば」それで構わないと考える恋愛観は、現代でも脈々と息づいています。だからこそ、そうした危険な恋や試練にみちた愛が、メディアの世界で繰り返し描かれるのです。

　このように、社会全体が合理化され人々の関係がますます打算化されていくなかで、逆説的に「打算を超えたもの」に対して人々が抱く欲望も高まってい

くのです。

コミュニケーションの魅力

　それでは、こうした「打算を超えたもの」への欲求は、日常生活においてどのようなかたちで現われるのでしょうか。打算的でない対人関係は、どのようなものとして人々にイメージされているのでしょうか。ここにこそ、現代社会を生きる人々に対してコミュニケーションがもつ魅力が潜んでいるように思われます。

　第Ⅰ部で見てきたように、コミュニケーションの特徴は、そこで何事かが「ともに分かち持た」れると同時に、そうした関係自体が「人間的である」点に求められます。つまり、コミュニケーションという言葉には、ただ単に情報を伝達したり相手とやり取りすることを超えた「何かしらそれ以上」のものが含意されているのです。

　現代社会において、こうした「何かしらそれ以上」が、対人関係における「打算を超えたもの」と密接な関係を持っていることは、容易に理解できるでしょう。ふたたび恋愛を例に出せば、若者向けの雑誌などで「恋する二人のあいだのコミュニケーションが大切だ」などといわれる場合にイメージされていることは、「どのようにして将来有望な相手をゲットするか」とか「いかにして良家の子女を手に入れるか」といった利害や打算を超えたところで成立する「純粋な対人関係」にほかなりません。つまり、ここでコミュニケーションは、現代社会にしばしば見られる道具的に相手を操作したり自らを偽る関係とは対照的な、情緒や感情に関わる「人間的な交わり」を意味しているのです。それは、現代社会においてその実現がますます困難になっている「打算を超えたもの」にほかなりません。

　このように現代社会において人々がコミュニケーションに期待するものは、「打算を超えた」対人関係や相手との「人間的な」関わりであると思われます。たしかに、私たちが日常的に「コミュニケーションが大切だ」とか「コミュニケーションが不足している」というときにも、そうした期待や願望がコミュニケーションという言葉に込められているようです。

それでは、現代社会においてどうして人々はコミュニケーションという言葉のもとに「打算を超えたもの」や「人間的なもの」を追い求めるのでしょうか。そうした欲求は、どのような社会状況において現われてきたのでしょうか。

豊かな社会の「こころ」の問題

　よくいわれることですが、私たちが生きる現代社会は「豊かな」社会です。「豊か」である理由としてまず第一に、私たちのおおくは飢餓や貧困の危険にさらされることが少ない点があげられます。それどころか「豊かな」社会では、「食べること」はただ単に生きていくための手段ではなく、より自分らしいライフ・スタイルや各人のこだわりの表現として受け止められています。食の場合と同様に衣や住についても、最低限の欲求が充たされるだけでなく、人々は個性を発揮する手段として自分の好きな衣服や住居を選ぶことができます。こうした物質的な豊かさは、現代社会では「あたりまえ」のことになっています。

　たしかに、物質的な面に限っていえば、現代社会を「豊かな」社会と形容することは的を射ているといえるでしょう。私たちの日常生活を振り返ってみても、物質的な問題はかなりの程度解決されています。それでは、こうした「豊かな」社会では、人々はなんの不安もなく幸せに暮らしていくことができるのでしょうか。

　テレビや新聞に日々報じられるさまざまな事件や犯罪をみるまでもなく、私たちが生きる「豊かな」社会は、必ずしも幸福な世界をもたらしているとはいえません。いくら物質的に充たされたとしても、それだけで理想的な社会が訪れるわけでないことを、私たちは直感的に知っています。逆にいえば、現在私たちが抱え込んでいる課題は、物質というより精神的な問題であるといえます。より具体的にいえば、衣食住という物質的な豊かさが充たされたうえで、自分なりの生き方や他者との関わり合い方といった精神的な豊かさを、どのように高めていくことができるのか。どうしたら、物質的な豊かさに見合った精神面での充足や満足を手に入れることができるのか。こうした「こころ」をめぐる課題が、現代を生きる私たちにとって重大なものになりつつあります。

「こころ」の問題が、いかに現代人の関心になっているかは、日々目にする雑誌に掲載される広告を見れば一目瞭然でしょう。フィットネスによってどのように「本当の自分らしさ」を取り戻すことができるか。合気道やヨーガを実践することで、どのように「精神的な豊かさ」を実感できるか。新興宗教の教祖が書いた本に触れることで、いかにして日常の雑念に惑わされない「平穏な心」を獲得できるか。こうした「こころ」をめぐるさまざまな問いは、私たちの身の回りにあふれています。現在、過剰なまでに「こころ」の問題が取り沙汰される背景には、物質的に充たされていても精神的な豊かさを実感しにくい現代社会の現実が横たわっているのです。

　このように考えてくると、現代においてコミュニケーションが持つ魅力が再確認されます。物質的に「豊かな」社会において、人々は「こころ」の渇きに苦しんでいます。そうした漠然とした悩みは、日常生活の隅々にまで広がっている打算や戦略とは違った他者との関係を求めるのです。こうした「打算を超えた＝人間的な」関係を求める気持ちは、日常におけるコミュニケーションへの欲求として現われます。つまり、社会全体がますます合理化され透明化されていく現代だからこそ、人々は「こころ」の問題に苦しみ、その解決策としてコミュニケーションを求めるのです。

2. 人はどうして「ハマる」のか

　ここまでの議論で、社会が合理化・戦略化されるに従って、打算や利害を超えた「何かしらそれ以上」のものであるコミュニケーションへの欲求が高まっていることを確認しました。現代社会では、こうした欲求がときとして「過剰」なものになりがちです。なぜなら、高まりつつある合理化・打算化の波にうち克つためには、日常的に「ともに分かち持つ」次元を超えたより濃密なコミュニケーションが必要とされるからです。つまり、打算や利害を否定すべく過剰なまでに他者との関わりを志向することではじめて、人々は「何かしらそれ以上」のものを実感できるのです。

　ここでは、最近よくいわれる「ハマる」という現象を手かがりに、そうした

コミュニケーションへの欲求について考えてみます。

自覚的に「ハマる」

「最近、ファミコンにハマっている」とか「あのころはレゲエにハマっていて、そればかり聴いてた」といったように、私たちは「ハマる」という表現を日常的に使います。では、そもそも「ハマる」とは、どういう状況を指すのでしょうか。辞典を見ると「のめり込んで抜け出せない。夢中になる」とあります（『現代用語の基礎知識99』）。ここから「ハマる」という言葉が、何かに夢中になり、そのことだけに没頭してしまう状態を表わしていることが分かります。仕事であれ遊びであれ、ファッションであれ趣味であれ、音楽であれスポーツであれ、何事かに夢中になることが「ハマる」ことにほかならないのです。

しかし、ここで注意すべきことは、何かに「ハマる」ことがおおくの場合、自覚的に為されている点です。ハマっている当人は、誰かに操られ盲目的に「ハマる」ことを強いられるのではありません。自分自身で意識的にハマっているのです。だからこそ、「最近、ディカプリオにハマってるの」との自己報告ができるのです。もしも「ハマる」行為が強いられたり操作されたものであるならば、ハマっている自分を意識したり自覚することはできないでしょう。その点で、「ハマる」ことは我を忘れた熱狂や盲信とは違います。

「ハマる」行為が自覚的に為されていることは、「ハマる」対象が比較的短期間で変わっていくことからも伺い知れます。例えば、いま現在「コンピュータ・グラフィックス」にハマっている私は、半年前には「写真」にハマっていたかもしれません。さらに一年前に「映画」にハマっていたとしても、全然不思議ではありません。「ハマる」ことが自覚的であるならば、そこから脱却したり別のものに「ハマる」ことも簡単にできるのです。つまり「ハマる」行為は自覚的であると同時に、選択的に行なわれているのです。

さらに「ハマる」ことは、当人にとって何かしら「楽しい」ことでもあります。例えば、友だちが「俺、Jリーグにハマってるんだ」とか「わたし、セブンティーズのファッションにハマってるの」と自分の状況を説明するとき、私

9 希求されるコミュニケーション　133

たちは彼/彼女がそれにハマっていることを楽しんでいると受け止めるでしょう。間違っても、誰かに強要されてそれに夢中になっているとか、好きでもないのに没頭しているとは考えないはずです。つまり、何かにハマり夢中になることは、当人にとってそれを楽しむことにほかならないのです。そうしたことから、私たちは「ハマる」という表現を肯定的に使っています。

「ハマる」ことで忘れる

　それでは、人々はなんのために「ハマる」のでしょうか。さまざまなジャンルに見られる「ハマる」現象に共通して見出される特徴とは、何なのでしょうか。

　まず考えられることは、何かに「ハマる」ことで、それ以外のことを忘れることができる点です。例えば、ゲームにハマる場合のことを考えてみましょう。自分のお気に入りのRPG（ロール・プレーイング・ゲーム）に没頭しているあいだは、学校での勉強のことやバイト先での煩わしい人間関係のことを忘れることができます。もちろん、試験勉強をしていないことやバイト先の上司とのいざこざといった現実の問題はなんら解決されはしないのですが、たとえ一時的であれ日常の煩わしさから遠ざかることができます。このように現実の辛さを意図的に忘れることは、ストレスに充ちた現代社会を生きていくうえで不可欠なことかもしれません。つまり、何かに「ハマる」ことが人々にとって楽しいのは、どのようなものであれ何かに「ハマる」ことで、私たちは日常の嫌なことや辛いことについて思い悩むことなく、一時的であれそうした事柄を忘却できるからなのです。

　「ハマる」ことで忘れる。こうした行為は、現代社会を生きていくうえでけっして珍しいことではありません。例えば、仕事で嫌なことがあったり面倒な人間関係に直面したとき、意識的に何か自分の好きなことに没頭する。こうしたことは、私たちのおおくが半ば無意識のうちに行なっていることではないでしょうか。何事かを意識的に選択し、他のことは二の次にしてそのことだけに夢中になる。そうすることで、嫌なこと辛いことに充ちあふれた「現実」から遠

ざかる。このように「ハマる」ことは、現実生活からの一時的な「退却」として理解することができます。

「ハマる」ことで安心する

　何かに「ハマる」ことは、煩わしい現実を忘れる作用を持っています。ですが、それはただ消極的に逃避するだけではありません。音楽であれファッションであれ趣味であれ、「ハマる」ことによって私たちは自分にとって居心地のよい快適な世界を実感できるのです。それはどうしてなのでしょうか。

　まず考えられることは、「ハマる」ことで安心を得られるからです。別の言葉でいえば、何か特定のものを選択しそれに没頭することは、こころの安らぎをもたらしてくれるように思われるのです。

　さまざまな選択肢があふれる現代社会では、ゲームであれファッションであれ何であれ、多種多様なモノのなかから「自分のお気に入り」を選ぶことは容易ではありません。例として、音楽について考えてみましょう。CDショップに行けばすぐ分かるように、私たちが購入できる音楽CDのジャンルは、きわめて多岐にわたります。単純にポップスとひと括りにいっても、洋楽なのか邦楽なのか。ロック系なのかヒップホップ系なのか。テクノ志向なのかアコースティック志向なのか。こうした違いによって、さまざまなCDが店頭に並べられています。こうしたなかから、「自分のお気に入り」のジャンルや特定のミュージシャンやバンドを見つけ出すことは、それこそ至難の業です。全てのジャンルの音楽をひととおり聴いたうえで、何が自分の感性にもっとも合うのかが分かれば、それに超したことはありません。ですが、店頭に並べられた夥しい数のCDをみれば、それが不可能なことは明らかです。

　このような状況において、意識的かつ自覚的になんらかのジャンルや特定のミュージシャンを選択し、それに「ハマる」ことは、私たちに安心と安定をもたらしてくれます。なぜなら、自分が好きな何か一つのものだけを集中的に聴くことで、その他のジャンルの音楽に煩わされることがなくなるからです。例えば「自分がお気に入り」のジャンルをヒップホップに決めたとしましょう。

そうすれば、ロックやテクノの最新の動向に心惑わされることはありません。なぜなら、ヒップホップにハマっているかぎり、その他のジャンルの音楽について忘れさることができるからです。

さらに、同じヒップホップのなかでも、ギャングスター・ラップだけを集中的に聴いたとしましょう。そうすれば、他の領域についてはともかく、ギャングスター・ラップについては他の人よりもおおくのことを知ることができます。そうなれば、ギャングスター・ラップにハマっている自分に対して、他の誰よりも事情通だとの自負を抱けるのです。つまり、何かひとつのことに「ハマる」ことで、その領域のことを他人よりもおおく知り、相手に対して優越感を持つことができるのです。

このように何かに「ハマる」ことで、さまざまな選択肢からひとつを選びだし、それだけに没頭するなかでほかのことを忘れることができます。そのおかげで、ほかの事柄に煩わされることなく心の平穏を得ることができます。さらに、特定の領域にハマり情報通になることで、「もの知りの自分」を自慢することもできるのです。

「ハマる」ことでつながる

何かに「ハマる」ことで、他者との関係も作り上げられます。なぜなら、同じものにハマっている者同士のあいだでは、共通の話題がおおく趣味や感性も似ているため、親密なコミュニケーションをとることができるからです。つまり、ハマっている対象についてさまざまな事柄を「ともに分かち合う」ことが容易なのです。先の音楽の例でいえば、たとえ初対面であってもギャングスター・ラップにハマっている者同士ならば、自然と話は盛り上がり、互いの趣味やこだわりについて語り合うことができるでしょう。その他の点でなんら接点が無くても、ハマっている対象が同じならば、人々は相手と深いコミュニケーションを図ることができるのです。

こうしたコミュニケーションへの期待や欲求は、なにも直接会う相手に対してだけ抱かれるわけではありません。たとえ対面することがなくとも、音楽で

あれファッションであれ同じものにハマっている人々のあいだには、ある種の「仲間意識」が形成されます。つまり「ハマる」ことは私たちに、第8章でみたようなモノに媒介された「想像の共同体」への参加を可能にしてくれるのです。

　以上見てきたように、「ハマる」ことにはさまざまな効用があります。何事かに「ハマる」ことで、嫌な現実を忘れ自分の好きな世界に没頭する。そのことで、心の平穏が得られると同時に、趣味や感性を同じくする相手とのつながりも確認される。こうした側面を、現代社会のさまざまな領域に見られる「ハマる」現象の共通項として指摘することができます。

3．コミュニケーションへの欲求のゆくえ

コミュニケーション欲求の充たされ方

　「ハマる」人々は、現代社会に生きる私たちの姿を象徴しています。なぜなら、さまざまな情報があふれ、どの情報を信じていいか分からない社会では、何か一つのことを特定し、それについて情報通になることは、心の平穏を保つうえでの戦略と思われるからです。つまり、過剰な情報に取り巻かれた現代において、私たちは自分の精神衛生をまもるために、特定領域に意図的に閉塞していくことを強いられているのです。「ハマる」という行為は、こうした情報化社会で必要とされる自己防衛的な戦略にほかなりません。そこでは、コミュニケーションへの欲求が、ある限られた領域の知識や話題を徹底的に収集したり、そうした情報を他者と分かち合いというかたちで、ときとして過剰なまでに追い求められます。つまり、人々は「ハマる」ことによって、退屈でつまらない日常生活とは違った「自分のお気に入りの」世界で、他者とコミュニケーションを図ることを夢見ているのです。

　それでは、何事かに「ハマる」ことは、コミュニケーション欲求との関連でどのような可能性を持っているのでしょうか。さまざまな領域にみられる「ハマる」現象は、私たちが生きる現代社会のどのような側面を照らし出しているのでしょうか。

```
                    自己中心的
                        │
    こころを介して   │  モノを介しての
    の自己変革      │  自分探し
                        │
  非日常 ─────────────┼───────────── 日常
                        │
    帰依による自己  │  ボランティアと
    滅却           │  しての自己犠牲
                        │
                    自己放棄的
```

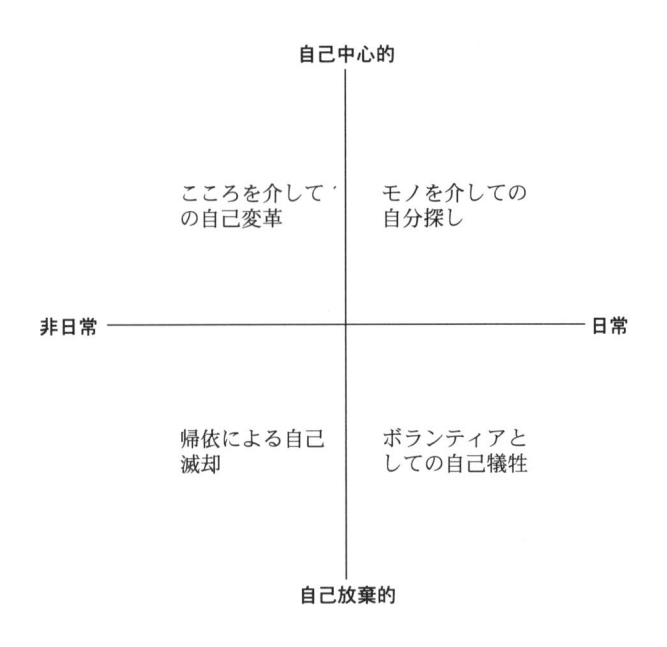

図 9-1　コミュニケーション欲求の諸層

　ここで図式を用いて「ハマる」現象をより細分化して考えてみましょう。コミュニケーション欲求を充たす方法を分類するために、縦軸に「自己中心的―自己放棄的」をとり、横軸には「日常―非日常」をとり、四つの象限を作ります（図9-1）。

　第一象限にくるものは、日常において自己中心的にコミュニケーション欲求を充たそうとするものです。ここでは「モノを介しての自分探し」と名付けます。これは、人々が音楽であれファッションであれ、なんらかのモノに「ハマる」ことで「自分らしさ」を実感しようとする行為を表わしています。現代社会での「ハマる」ことのおおくは、ここに属すると思われます。

　第二象限は、自己中心的なのですが非日常的にコミュニケーション欲求を充たそうとするものです。これを「こころを介しての自己変革」と名付けます。心や精神といった非物質的な次元で自己を変革することが、ここに含まれます。

ヨーガやニューサイエンスといった精神世界に没頭することで、自分の心のありかたを変える試みなどを、具体例としてあげることができるでしょう。

第三象限は、非日常的に自己放棄をすることで、コミュニケーション欲求を充たそうとするものです。ここでは「帰依による自己滅却」と名付けます。これは、極端な新興宗教集団の「修行」に典型的に見られるように、教祖や教義への全面的な服従のなかで自己を完全に否定し、その果てにコミュニケーション欲求を充たそうとするものです。そうした欲求充足は、もはや現世ではなく来世において他者とのコミュニケーションを実現させようとするものにほかなりません。

第四象限にくるものは、日常的な自己放棄を通じてコミュニケーション欲求を充たそうとするものです。ここでは「ボランティアとしての自己犠牲」と名付けます。しばらく前から大学生を中心とした若者のボランティア熱の高まりが注目を集めています。さまざまなかたちで実践されるボランティア活動は、日常的な状況での自己放棄を通じて、他者とのコミュニケーションを図ろうとするものにほかなりません。

「ハマる」ことの可能性

このようにコミュニケーション欲求充足のされ方を分類すると、「ハマる」ことが持つ可能性について考える糸口が得られます。「モノを介しての自分探し」は、もっとも一般的な「ハマる」ありかたです。それは、他者との交流よりも目に見えるモノによって「自分らしさ」を模索している点で、第6章で見た「自己完結するコミュニケーション」にほかなりません。こうした「モノを介した自分探し」をさらに押し進め、単に物質的でなく精神的な面においても「自分らしさ」が追求されると、「こころを介しての自己変革」へと至ります。

こうした「モノを介しての自分探し」や「こころを介しての自己変革」は、私たちの日常において比較的ありふれたものです。誰しも、こうしたかたちでなにかにハマった経験があるのではないでしょうか。

ところで、自分探しや自己変革が「自己中心的」に為されるかぎり、そこで

は「他者」が意識されることはありません。それに対して、自己中心的に「ハマる」のではなく自分自身を放棄する方向で何かに「ハマる」ときにはじめて、コミュニケーション欲求との関連で「他者」が現われます。

しかしながら、ここにひとつの危険が潜んでいます。自己中心的な「こころを介しての自己変革」が自己放棄的になることで「帰依による自己滅却」が生まれます。ですが、オウム真理教が引き起こした一連の事件を見るまでもなく、全面的な自己放棄に基づく宗教的指導者（グル）との一体化を目指す動きは、ときとして自分たち以外の人々に対する暴力を呼び起こします。独善的に自分たちだけが「真理」の側に立つと信じそれ以外の人々を敵視することは、常識では許されない暴挙を正当化してしまうのです。

オウム真理教に属していた若者のおおくは、この教団の教えや活動に文字どおりハマっていたのでしょう。そこに身を置くことで苦しい現実を忘れることができ、仲間との共同生活のなかで生き甲斐を感じていたに違いありません。ですが、実際には教団への「帰依」や「自己滅却」は、自分たち以外の他者への暴力として爆発しました。ここには、「モノを介しての自分探し」や「こころを介しての自己変革」といった「罪なき戯れ」が「帰依による自己滅却」に至ることで、「危険な遊戯」へと変貌していく様を見る思いがします。

それでは、「ボランティアとしての自己犠牲」には、どのような可能性が潜んでいるのでしょうか。一見したところ、オウム真理教などの過激な宗教集団に走る信者と、阪神大震災のときに注目された被災地に駆け参じるボランティアの若者とは、全く正反対のように思われます。たしかに、一方は自分たちの身勝手な信仰のために他人を危険に陥れ、他方は自分を犠牲にして人助けに尽力するのですから、両者は対照的に思われます。ですが、ここで見てきた「ハマる」という点から考えると、両者は決して無関係ではなく、幾つかの点で共通しています。どちらも自己放棄的に「ハマる」ことで、なんらかのコミュニケーション欲求を充たそうとしているのです。

ただ最大の違いは、「帰依による自己滅却」が非日常的な世界での他者とのコミュニケーションを夢見たのに対して、「ボランティアとしての自己犠牲」

はあくまで日常的な状況で、コミュニケーション欲求の充足を目指している点です。ボランティアにハマることで他者との関係が生まれ、その結果、日常生活のなかでコミュニケーション欲求が充たされることは十分にありえます。こうしたかたちでの「ハマる」現象のなかに、現代社会で顕著になっている「こころ」の問題に取り組んでいくための知恵が潜んでいるのではないでしょうか。

解説・コラム

コミュニケーションへのノスタルジー　現代社会では、さまざまな人間関係や社会関係が隅々にわたるまで合理化されていく。日常生活の場での他者との関係も、互いの利害や打算を重視した戦略的なものになっていく。より多くの情報をより迅速に流布させる「情報化」の動きは、こうした趨勢を加速化するものにほかならない。このように合理化・打算化が進行する現代社会において、人々はコミュニケーションに対してある種のノスタルジー（郷愁）を持つようになる。つまり、いまでは失われつつある人間的なふれあいや、利害や打算を超えた交流への希求が高まるのである。近年の「癒し」ブームも、こうしたコミュニケーションへのノスタルジーの表われとして理解することができる。

「豊かな」社会の「こころ」のゆくえ　現代社会は物質的な面でいえば、きわめて「豊かな」社会である。おおくの人々は日々の衣食住のことを心配することなく暮らしていける。しかしながら、こうした「豊かな」社会において私たちは、深刻な「こころ」の問題に直面している。凶悪な青少年犯罪が起こるたびに、学校や家庭での「心の教育」が大切だと唱えられるが、いっこうに改善の兆しは見えてこない。あり余るほどのモノに恵まれた環境のなかで、いかにして精神的な安らぎや心の平穏を確保し、他者とのあいだで人間的な関係を築いていくかは、なにも教育の現場だけでなく、私たちが生きる現代社会自体に投げかけられた課題なのである。

「ハマる」ことの日常化　ファッションであれ音楽であれ、自分が気に入った特定のものに没頭し、それ以外の事柄に目もくれないことは、現代においてさして珍しくない。「ハマる」という表現は、こうした現代人の行動パターンを巧みに表わしたものである。「ハマる」人々は、なにもメディアや広告に踊らされて流行を追いかけているだけではない。自分のお気に入りのものに「ハマる」ことは、たぶんに自覚的な選択として為されているのである。つまり、人々は自分が何にハマっているのかを十分に意識し

つつ、そのことを楽しんでいるのである。

　かってコンピュータやアニメなど特定の領域に異常なまでに精通している人々を、世間は侮蔑的に「おたく」と呼んでいた。「おたく」とは、コンピュータなど最新のメディアを操作することにたけ、自分の興味関心のある世界の話になると雄弁なのだが、日常的な他者とのコミュニケーションは苦手とするような人々のことである。近年、さまざまな領域において「ハマる」ことが日常的になりつつあるのを見ていると、こうした「おたく」文化がソフト化されたかたちで社会に普及していき、よりおおくの人々の行動パターンとして定着しつつあるように思われる。その点で「ハマる」ことの日常化は「おたく」文化の大衆化ともいえるのではないだろうか。

設問

1. 現代社会に見出されるコミュニケーションへの過剰な欲求の具体例として、どのような現象が考えられるだろうか。

2. 自分が好きなことに「ハマる」ことで、私たちはどのような快楽を得ているのだろうか。また「ハマる」ことによって、なにを失っているのだろうか。

3. 「ハマる」現象に潜むコミュニケーションへの欲求が、「罪なき戯れ」から「危険な遊戯」へ転じていく具体的な事例として、どのような事態を考えることができるだろうか。

〈第Ⅱ部　ブック・ガイド〉

　C. ラッシュ『ナルシシズムの時代』（石川弘義訳、ナツメ社、1981年）は、単に個人心理の問題としてでなく、現代社会を特徴付ける「文化」としてナルシシズムを論じた点で重要である。それに続く**『ミニマルセルフ』**（石川弘義・山根三沙・岩佐祥子訳、時事通信社、1986年）も、現代人の心理構造とコミュニケーションを考えていくうえで示唆に富む。

　現代日本に生きる人々のコミュニケーションの在り方を論じたものとしては、臨床での経験を踏まえた**大平健『豊かさの精神病理』**と**『やさしさの精神病理』**（ともに

岩波書店、1990/1995年）が参考になる。アニメやダイエットを手がかりに、現代の少年/少女たちの内面世界とコミュニケーションの問題に迫った力作としては、**中島梓『コミュニケーション不全症候群』**（ちくま文庫、1995年）があげられる。

　現代社会を特徴付けるコミュニケーションのメディア依存について考えるうえで、**W. ベンヤミン『ベンヤミン・コレクション1』**（浅井健二郎編訳、久保哲司訳、ちくま学芸文庫、1995年）に収録されている**「複製技術時代の芸術作品」**は古典的なテクストである。アメリカの大衆社会を、メディアが作り上げる「疑似イベント」の点から批判的に論じたものとして、**D. ブーアスティン『幻影の時代』**（星野郁美・後藤和彦訳、東京創元社、1964年）が参考になる。さらに、ハイパーリアル、シミュラークルという概念を用いて、もはや現代社会では単純にオリジナル/コピーの区別が成り立たないことを論じた**J. ボードリアール『シミュラークルとシミュレーション』**（竹原あき子訳、法政大学出版局、1984年）や**『アメリカ』**（田中正人訳、法政大学出版局、1988年）は、メディア化された社会の現状を考えていくうえで示唆に富む。60年代当時の時代状況を批判的に捉えつつ、シチュアシオニストの立場から社会の「見世物化」を批判的に論じた **G. ドゥボール『スペクタクルの社会』**（木下誠訳、平凡社、1993年）は、メディアによる社会の変容を捉えた先駆的研究として注目に値する。

　95年に起きた「オウム真理教」が関わる一連の事件は、現代の若者を取り巻くメディアやコミュニケーションの状況に関して、おおくの問いを投げかけている。**宮台真司『終わりなき日常を生きろ』**（筑摩書房、1995年）と**大澤真幸『虚構の時代の果て』**（ちくま新書1996年）はともに、「豊かな」現代社会の何が「オウム」を生み出したのかを探究したものとして興味深い。

第III部 コミュニケーションの「不思議」
どのようにして「わたし」が生まれるのか

　第III部では、私たちが交わしているコミュニケーションの「不思議」について、「わたし」という視点から考えていきます。

　「**10．わたしをめぐるコミュニケーション　自分らしさのゆくえ**」では、ますます複雑化しメディアへの依存を高めていく現代社会において、「わたし」はどのような変化に直面し、どんな課題に見舞われているかについて論じます。さまざまな相手ごとに多様化していく「わたし」は、どのようにして自分の全体性や整合性を保つことができるのでしょうか。互いの関連を欠いたまま分散化していく「わたし」は、どのよ

うな課題を私たちに投げかけているのでしょうか。現在、「わたし」というテーマが人々の関心を引いてやまないのは、どうしてなのでしょうか。こうした「わたし」をめぐる現代的な問いについて論じていきます。

「11．恋愛をめぐるコミュニケーション　わたしの実現と消散」では、恋愛という他者との関係において、どのようなコミュニケーションが成立しているかを取り上げます。恋愛に人々がこころ惹かれるのは、どうしてなのでしょうか。私たちは、恋愛というコミュニケーションになにを期待しているのでしょうか。恋愛のなかで、どのような「わたし」が現われるのでしょうか。こうした「わたし」と恋愛との関係をめぐる問題について考えていきます。

「12．公私をめぐるコミュニケーション　『わたし』の揺らぎ」では、私たちが日常的に意識している「公私」の違いが、コミュニケーションを通じてどのように形成されているかについて考えていきます。コミュニケーションによって「公私」はどのように区分けされているのか。メディアに媒介されたコミュニケーションは、そうした「公私」の区分にどのような影響を与えているのか。現在、「公私」はどのように揺らいできているのか。こうした現代社会における「公私」の再編成について、それによって引き起こされる「わたし」の揺らぎとの関係において論じていきます。

10

「わたし」をめぐるコミュニケーション
「自分らしさ」のゆくえ

　さまざまな相手とコミュニケーションを交わすことで、「わたし」はどのように変わっていくのでしょうか。現代に特有のメディアを介したコミュニケーションは、どのような「わたし」を生み出すのでしょうか。

　私たちが生きる社会では、一方で対人関係はますます複雑になり、さまざまな相手とのコミュニケーションが要請されます。他方、メディアに媒介されたコミュニケーションは、私たちの日常生活の隅々にまで浸透しています。こうした状況のなかで、「わたし」は多様化すると同時に分散化してもいるように思われます。

　現代社会において、「わたし」というものがどのような課題として浮かび上がってきているのか。そこに人々はどんな魅力と脅威を感じ取っているのか。他者とのコミュニケーションは、どのような「わたし」を照らし出してくれるのか。本章では、こうした問いについて考えていきます。

1. 「わたし」とコミュニケーション

コミュニケーションのなかの「わたし」

　第Ⅰ部の議論で見てきたように、他者と何事かを「ともに分かち合う」関係では、「わたし」はコミュニケーションの「主体」にほかなりません。同時に「あなた」も、私との関係においてもう一人の「主体」として立ち現われます。つまり、日常的なコミュニケーションでは、主体―客体ではなく主体―主体の関係が、「わたし」と「あなた」とのあいだに成立しているのです。専門用語では、こうした関係を「相互主体性」と呼びます。

しかしながら、コミュニケーションの担い手である「わたし」は、相手とのコミュニケーションに先だって確固たる「自分」を持っているわけではありません。第5章でコミュニケーションを通じて「自分らしさ」が作り上げられる点を論じたように、「わたし」は相手との出会いや関わり合いのなかではじめて、「どういう人物なのか」とか「他人とどこが違うのか」といった「自分らしさ」を感じ取ることができるのです。その点で、「わたし」という存在はコミュニケーションの「そと」にあるのではなく、「あなた」とのコミュニケーションの「なか」に常に置かれているといえます。

私たちはコミュニケーションを交わすなかで、他者という「鏡」に映る己の姿を見ることになります。そうした他者との出会いを通じて、「自分はどんな人なのか」について考えるようになるのです。そして、理想の自己イメージと相手に映る自分の姿とのギャップに驚いたり悩みながら、他者とのコミュニケーションのなかで「自分らしさ」を作り上げていきます。

このように考えると、「わたし」とコミュニケーションとの関係が二重であることが明らかになります。一方で「わたし」はコミュニケーションの担い手として、相手とのあいだで関係を築き上げます。この場合、「わたし」がコミュニケーションを作り出しています。しかし同時に、「わたし」は相手とコミュニケーションを交わしていくなかで、つねに変化していくものです。こうした局面では、コミュニケーションが「わたし」を作り上げているのです。

このような「わたし」とコミュニケーションとの関係は、けっして矛盾したものではありません。むしろ、こうした二重性があるからこそ、コミュニケーションは新たなものを生み出すダイナミズムを持つのです。もしも、どちらかの側面が失われてしまったら、例えば「わたし」が全面的に他者とのコミュニケーションをコントロールしたり、逆に「わたし」の主体性がなくなるほどに他者とのコミュニケーションに服従するようなことになれば、「わたし」と「あなた」がコミュニケーションのなかでともに変わっていくことはないでしょう。一方的に支配するのでも服従するのでもなく、作る/作られるという二重性があってはじめて、コミュニケーションは意味あるものとなります。こう

10 「わたし」をめぐるコミュニケーション　147

した二重性を発揮すべくコミュニケーションの「そと」でなく「なか」にいることで、「わたし」は生き生きとした「自分らしさ」を実感できるのです。

探し求められる「わたし」

「わたし」は他者とのコミュニケーションのなかで自分自身を発見し、それを作り変えていきます。こうした「自分らしさ」の確立は、「わたし」だけの一方的なものではありません。「あなた」も「わたし」と同様に、コミュニケーションのなかで「自分らしさ」を作り上げていくのです。

ところが、第Ⅱ部の議論で見てきたように、こうした互いの「自分らしさ」を生み出すコミュニケーションは、現代社会においてますます困難になっています。一方でコミュニケーションは打算的で戦略にみちたものになり、他方で自己愛的に「自分だけ」を意識したコミュニケーションは、自己完結的なものになりがちです。別の言い方をすれば、戦略的なコミュニケーションでは相手は自分の目的を達成するうえでの単なる対象やモノと看做され、自己愛的なコミュニケーションでは、理想的な自己像を壊すような生身の相手はそもそも現われません。どちらの場合にも、ともにコミュニケーションを交わしていく相手としての「あなた」が希薄化しているのです。

しかしながら、合理化が進み対人関係が戦略的になっていく現代社会では、コミュニケーションへの欲求が消え失せたわけでなく、逆説的に高まっています。より具体的には、コミュニケーションを通じて「自分らしさ」を獲得しようとするさまざまな動きが、そこに現われているのです。

「ハマる」現象に典型的なように、人々は何事かに夢中になることで退屈でつまらない「現実」を忘れ、「居心地のよい世界」のなかで「自分らしさ」を実感しようとします。それは、モノやココロを介した相手との関わりのなかで「わたし」を探し求める動きにほかなりません。そうした「自分探し」は、ボランティアであれ新興宗教であれ、個人を超えた「なにものか」に夢中になる動きにも共通しています。自己放棄的に「他者」に奉仕したり帰依したりする若者は、現代社会に生きる私たちにとって「わたし」がどれほど重大な課題で

あるかを物語っています。

　このように考えると、雑誌コラムやエッセイで「自分探し」や「自己発見」という言葉が頻繁に使われる理由も分かるでしょう。おおくの人々にとって「自分らしさ」や「わたしらしさ」は、前もって与えられるのではなく、何とかして「発見」せねばならないものとして受け止められています。だからこそ「自分探し」に成功した有名人やタレントのアドバイスを読むことで、どうにかして自分も「わたし」を見つけ出そうとするのです。このように現代に生きる私たちは、コミュニケーションのなかで「わたし」を探し求めることを強いられているのです。

　どうしてこのような「自分探し」が、今を生きるおおくの人々に意識されるようになったのでしょうか。現在「わたし」は、どのような状況に置かれているのでしょうか。そこでは、どのような問いが「わたし」に投げかけられているのでしょうか。次に、コミュニケーションの多元化と「わたし」の多様化という点から、そうした問題について考えていきます。

2．コミュニケーションの多元化と「わたし」の多様化

その場ごとの「わたし」

　私たちが暮らす現代社会は、複雑に機能分化した社会です。経済・政治・文化といった諸活動は、それぞれの領域でそれらを専門とする社会集団を担い手として制度に基づき行なわれています。例えば、経済活動は市場において企業によって、政治は国会という場で政党によって、文化は学校を通じて教育機関によってという具合に、社会において果たす機能をそれぞれ分担しています。このような機能分化は、前近代社会と近代社会とを分けるメルクマール（指標）です。

　こうした現代社会を特徴付ける機能分化は、私たちの日常生活にも影響を与えています。それは、ひとりの人間が担わねばならない「役割」のおおきさと、そうした「役割」のあいだに生じる葛藤として現われています。

　例として、大学生A君の生活を考えてみましょう。自宅生のA君は、家族

のなかで「息子」の役割を期待されます。自分では一人前の大人だと思っていても、両親にとってＡ君はいつまでも「子供」のままです。ときには不本意であっても、親の機嫌をとるために「子供らしい」役割を演じねばなりません。

大学では「優秀な学生」の役割を演じます。ゼミの先生には、熱心に勉強する学生のイメージを与えねばなりません。何といっても単位がかかっていますから、そう簡単に手は抜けません。ゼミの仲間のなかで、Ａ君は「気さくなお調子もの」として通っています。話も面白く誰にでも優しいＡ君は、ゼミの人気ものです。

ですが、サッカーサークルでのＡ君はちょっと違います。サークルの責任者であるＡ君は、ときとして厳しい面を下級生にみせます。サークルの規律を破ったり練習をサボったりするメンバーには、それなりのけじめをつけねばなりません。そうしなければ、サークル自体が成り立たないからです。

Ａ君は違う大学に通うＢ子さんと付き合っていますが、彼女の前のＡ君はまた別人です。気さくな人気者でも厳しい先輩でもなく「寂しがり屋のかれ氏」です。Ｂ子さんといるとＡ君はとても幸せで、ついつい甘えてしまいます。親や友達にはけっして見せない一面でも、Ｂ子さんにはさらけ出してしまうのです。

サークル活動やＢ子さんとのデートのために、Ａ君はバイトをしています。実はこのバイト少々アブナイ系です。水商売のバイトなのですが、時給がいいのでやめられません。仲のいい友達以外、親はもちろんＢ子さんにも、このバイトのことは内緒です。バイト先のＡ君は、クールな働き者で通しています。お客さんにも店のマスターにもそれなりに愛想よくしますが、あまり深入りしないようクールに距離を取っているのです。

このようなＡ君の日常は、きょうびの大学生にとってけっして珍しいものではありません。さまざまな相手とそれぞれに異なる場面で出会うなかで、私たちはその場ごとの「わたし」を使い分けています。相手が違えば、そこに現われる「わたし」も違ったものになります。つまり、誰とどのようなコミュニケーションを交わすかによって、「わたし」のありかたも異なるのです。Ａ君

の例に明らかなように、さまざまな相手とコミュニケーションを図らねばならない現代では、それに応じていろいろな「わたし」が必要とされます。要するに、コミュニケーションの多元化が「わたし」の多様化を引き起こしているのです。

このように、複雑に機能分化した社会での個人は、それぞれの社会的場面における相手とのコミュニケーションに対応すべく、「その場ごとのわたし」を演じることを要請されます。そうしたことは、程度の差こそあれ、現代を生きる私たちすべてに求められています。

メディアを介した「わたし」

現代人に要請されるその場ごとの「わたし」は、メディアを介したコミュニケーションによって、一層顕著なものになっていきます。なぜなら、メディアを介して相手と関わることで、対面状況とは違う「わたし」が生まれるからです。メディアを介することで、たとえ同じ相手であっても「わたし」と「あなた」との関係が微妙に異なってくることを、私たちは日常的に経験します。

例えば、直接会ってでは言いにくいことが手紙や電話では素直に相手に伝えられるという経験は、誰もがすることです。その理由のひとつは、あいだにメディアを介することで他者との関係のありかたが変化すること。さらに、そうしたメディアを介したコミュニケーションのなかで、対面状況とは別の「わたし」が立ち現われてくるからです。つまり、メディアを介することで「わたし」は多様な姿を見せるのです。

友達との関係を考えてみた場合、大学で直接会って話すときと家に帰ってから電話でお喋りするときとで、相手との関係がどこかしら違うことを私たちは直観的に感じます。手紙を書いたりメールを送ったりする場合、そうした違いはより鮮明になるでしょう。そして興味深いことに、相手と直接話す「わたし」/電話で喋る「わたし」/手紙で語る「わたし」は、それぞれ微妙に異なっています。つまり、私たちは「別のわたし」をそこに感じ取るのです。

最近の電子メディアは、こうした「別のわたし」をさまざまなかたちで実現

してくれます。それゆえに、おおくの若者に支持されているのではないでしょうか。

　例として、電子メールでのコミュニケーションについて考えてみましょう。電子メールが使われる理由として、まず第一に便利さがあげられます。手軽に素早く文字情報が送れることは、手紙などに比べて格段に便利です。ですが、こうした便利さだけからメールが使われているわけでもなさそうです。その証拠に、私たちの日常を振り返ってみても、たいした用件もないのに相手にメールを出すことが珍しくありません。単に挨拶を交わしたり、たわいもない話題でメールを交換するとき、人は相手とコミュニケーションを図ること自体を楽しんでいます。それが楽しいと感じられる理由のひとつは、メールを介することで普段とは違った「自分」を演じることができるからではないでしょうか。

　メールの世界ではとても雄弁で気さくな相手が、実際に会ってみたらとてもシャイで話し下手な人だったという話をよく耳にします。逆にいえば、普段のコミュニケーションでは引っ込みじあんの「わたし」でも、メールというメディアに媒介されることで、おしゃべりな「わたし」になれるのです。つまり、メディアを介することで「別のわたし」が生まれるのです。このことが、電子メディアを介したコミュニケーションの面白さにほかなりません。

　ポケベル、PHS、ケータイといった移動体通信が若者を中心に普及していった背景には、単なる便利さだけでなく、新しいメディアを介した他者とのコミュニケーションのなかに現われる「別のわたし」の面白さや楽しさが潜んでいるように思われます。

　このようにメディアによって「わたし」が多様化していくことは、現代社会の趨勢に照らして適合的だと思われます。なぜなら、先に見たように、その場ごとの「わたし」を演じることを私たちは求められているのですが、メディアを介したコミュニケーションは、そうした課題を果たしていくうえで便利なものだからです。つまり、コミュニケーションの際に用いられるメディアごとに「わたし」を変えることができれば、その場ごとの「わたし」をより容易かつ円滑に演じることもできるのです。

「本当のわたし」はどこに

　一方でますます複雑に機能分化していく社会からの要請として、他方で次々に生み出される電子メディアに媒介されることで、個人がさまざまな「わたし」を持つことは「あたりまえ」になりつつあります。つまり、その場ごとに「わたし」を演じわけ、それぞれのメディアごとに「別のわたし」を作り上げることは、現代社会を生きるうえで必須の条件にさえなっています。

　このように多様な「わたし」を生きることは、一方で個人によりおおくの可能性を保証してくれるでしょう。さまざまな「わたし」を演じるなかで、これまで隠されていた「別の自分」が現われることによって「自分らしさ」はより豊かなものになります。そこでは、多様性にみちた「わたし」が実現するのです。

　しかし他方で、多様な「わたし」を生きることは、人々に試練を強いるものでもあります。なぜなら、その場ごとの「わたし」やメディアに媒介された「別のわたし」は、相互に矛盾したりぶつかりあうこともあるからです。そこには分散した「わたし」が垣間見られます。

　例えば、先生の前で「優秀な生徒」を完璧なまでに演じることができたとしても、そうした「わたし」は家庭での「甘えん坊の息子」や仲間内での「乱暴者」という「別のわたし」と、どこかで矛盾してしまいます。その結果、それぞれに相異なる「わたし」にどう折り合いをつけていくかに悩まされるのです。

　相手ごとに違う多様な「わたし」のなかで、はたしてどれが「本当のわたし」なのか。いったい、どの「わたし」が一番「自分らしい」のか。こうした「本当のわたし」をめぐる葛藤は、現代を生きるおおくの人々に共通するものではないでしょうか。つまり、多様な「わたし」を生きることは、同時に「本当のわたし」という問いを私たちに投げかけているのです。

　このように、多様化する「わたし」は「本当のわたし」への人々のこだわりを引き起こします。つまり、「わたし」が多様化していけばいくほど、「本当のわたし」を追い求める人々の欲求も高まっていくのです。「自分探し」や「自己実現」が繰り返しメディアで取り上げられるのは、こうした現代社会の状況を背景にしてのことです。話題にあがる心理学や精神分析関連の読み物だけで

なく、映画やドラマなどでも「本当のわたし」がテーマとされることから、現代社会での多様化/分散化する「わたし」がおおくの人々の関心の的になっていることが伺い知れます。

3. 私の知らない「わたし」の魅惑と脅威

一方で多様化し他方で分散化していく現代の「わたし」は、どうして人々の関心をひくのでしょうか。「本当のわたし」を追い求めるとき、私たちはどんな自己の姿をイメージしているのでしょうか。ここで図式を用いて、「わたし」をめぐる魅惑と脅威について考えていきます。

縦軸に自分にとって〈見える―見えない〉を、横軸に他人から〈見える―見えない〉を取り、四つの象現を作ります（図10-1）。第一象限は、自分からも相手からも見える「わたし」の部分で、これを「自明」と名付けます。第二象限は、自分には見えるのですが相手には見えない部分です。これは「秘密」です。

```
              自分にとって
                見える
                  │
          秘密    │    自明
                  │
他人にとって      │
見えない ─────────┼───────── 見える
                  │
           闇     │     謎
                  │
                見えない
```

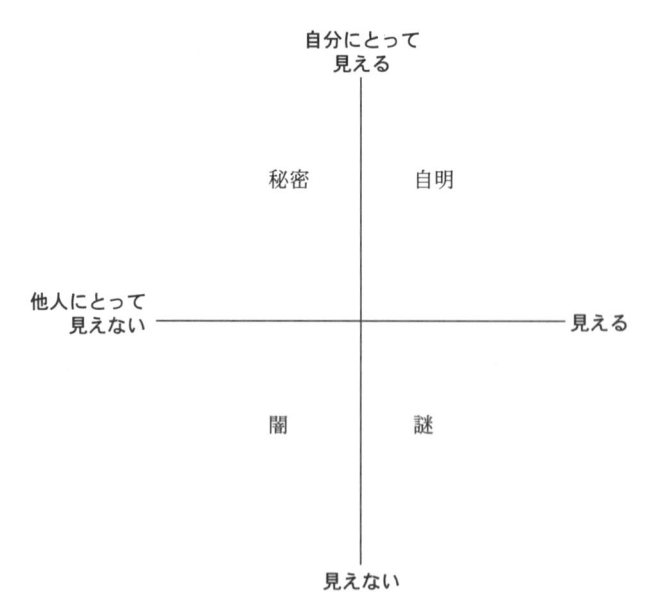

図 10-1 「わたし」の諸層

第三象限は、自分にも相手にも見えない「わたし」であり、これは「闇」にほかなりません。そして最後の第四象限は、自分には見えないのですが相手には見えている「わたし」の部分で、これは「謎」です。
　すぐ分かるように、「自明」はさして人々の関心を呼びません。なぜなら、あまりに「あたりまえ」すぎて人々を魅了しないからです。それに対して「秘密/謎/闇」は、「わたし」の魅惑や脅威の源泉になっています。その理由について、次にみていきましょう。

秘密としての「わたし」

　「秘密」とは、自分だけが知っていて相手が知らないことです。心の内に秘めた熱い想いであれ、忘れ去ることのできない辛い思い出であれ、ひとは皆なんらかの「秘密」を自分のなかに抱え込んでいます。こうした「秘密」は、人々が「わたし」を実感するうえで必要なものと思われます。なぜなら、ほかの誰も知らない自分だけの「秘密」を持つことで、私たちは「自分の世界」を手にいれるからです。おおくの人は子供の頃に、親や先生に話すことができない自分だけの「秘密」を持つことで、密かな「自分の世界」を体験したことでしょう。そうした「秘密」は、子供が「自分らしさ」に目覚め「わたし」を確立していくうえで無くてはならないものです。
　こうした「秘密」は、自分自身との対話＝コミュニケーションのきっかけになります。例えば、叶わぬ恋心を密かに抱くとき、私たちは自分のなかでいろいろと思い悩みます。果たしてこの想いが相手に届く日は来るのだろうか。そもそも、こんな人を好きになっても幸せになれないのではないだろうか。悶々とした思いのなかで、私たちは自分自身との対話を繰り返します。こうした内省的なコミュニケーションのなかから、「秘密」を持つ前とは違う「わたし」が現われるのです。
　このように「秘密」を持つことで自分自身とのコミュニケーションが引き起こされ、私たちは「自分の世界」を実感できます。そのことによって、新たな「わたし」が生まれるのです。

謎としての「わたし」

　ここでいう「謎」は、自分には見えなくて他人には見えている「わたし」の部分です。例えば、自分のことを誰にでも平等に振るまう人物と思っているＣさんがいるとします。ですが、Ｃさんの言動は、周囲の目には明らかな人種差別主義に映るのです。こうした場合、人種差別主義者である「わたし」は、Ｃさんにとって「謎」となっています。

　ひとは誰であれ、自分のことを完全に知り尽くしているわけではありません。「わたし」のことは自分自身が一番知っていると思いがちですが、実際には他人のほうが「わたし」のことをよく分かっている場合が少なくありません。そうした点で、「謎」は私たち皆が抱えているものです。自分自身の知らない「わたし」が、そこに生まれているのです。

　こうした「謎」は、相手とのコミュニケーションを通じて解き明かすことができます。なぜなら、他者という「鏡」に自らを映し出すことで、私たちは己の「謎」に気付くことができるからです。先の例でいえば、Ｃさんの人種差別的な発言に対して、周囲から怒りの声が上がったとします。そのとき、そうした声を無視するのではなく、相手の言い分に真摯に耳を傾けることができれば、Ｃさんが自分の「謎」を解き明かすことも不可能ではありません。他者とのコミュニケーションによって「謎」を「自明」へと変えていくことができるのです。

　ときとして「謎」は私たちを戸惑わせますが、同時に「わたし」への関心を喚起します。もし、自分自身が「わたし」のことを全て知り尽くしているなら、そもそも「わたし」について思い悩む必要もありません。ですが現実には、自分の知らない「わたし」を誰もが持っており、そうした「謎」がコミュニケーションのなかで明らかになるからこそ、人々は「わたし」に興味や魅力を感じるのです。

闇としての「わたし」

　「闇」とは、自分にも相手にも見えない「わたし」のことです。常人の理解

を超えた言動に人が走ってしまったとき、その原因として「魔がさした」とか「心の闇に落ち込んだ」といった表現がされます。ここでいう「闇」は、そうした人々の理解を超えた「わたし」の部分を指しています。

　どのようなとき、ひとは自分のなかの「闇」を感じるでしょうか。実はこの問いに答えることは、大変に困難です。なぜなら、そもそも「闇」は私にも相手にも全く見えないからです。ですが、それはたしかに「わたし」のなかに存在しています。おおくの場合、私たちは後から考えてはじめて、そうした「闇」の存在に気付くのではないでしょうか。

　例えば、自分の言動を振り返って「どうして、あのような振舞いをしてしまったのだろう」とか「なんで、あんなことを言ってしまったのか」と、我ながら呆れたり後悔することがあります。普段の自分なら絶対にしないだろうし、またそのときもそんなつもりではなかったはずなのに、なぜかしら大変なことをしでかしてしまった。こうした経験を持つ人は少なくありません。敢えて説明しようとしても、「魔がさした」とか「自分を見失った」としかいいようがないのです。こうした事態を招くものこそが「闇」にほかなりません。

　「わたし」のなかの「闇」が動き出すとき、私たちはそれを認識することはできません。自分自身に見えないのだから当然です。「闇」が現われるとき、私たちはその力に身をゆだねるよりほかに手だてがないのです。かろうじて事後的にのみ、自分にも相手にも分からない「わたし」がそこに現われていたことを知るのです。

　「闇」は「謎」と違って、他者とのコミュニケーションによって解き明かすことはできません。なぜなら、相手にもそれは見えないからです。また「秘密」のように、自省的なコミュニケーションを生み出すこともありません。なぜなら、全てを包み込む「闇」は「私の世界」になりようがないからです。このような「闇」は、「わたし」に潜む脅威にほかなりません。

　ですが、こうした脅威としての「闇」が、人々に「わたし」への関心を抱かせていることも事実です。少し前から「多重人格（正式名称は「解離性同一性障害」）」をテーマとした本や映画・ドラマがもてはやされています。もちろん、

実際に「多重人格」を患っているひとは人口のごく少数です。それにも拘わらず、「多重人格」ブームと思えるほどの盛り上がりをみせているのは、自分や他人が知っている「わたし」とは違う「別のわたし」への興味を、少なからぬ人々が持っているからだと思われます。誰も知らない「もうひとりの私」は、自分自身のなかの「闇」にほかなりません。こうした「闇」は脅威であるからこそ、人々を惹き付けてやまないのではないでしょうか。

4．課題としての「わたし」

「本当のわたし」の多様性

　これまでみてきたように、「わたし」が多様化/分散化するなかで「本当のわたし」への欲求が高まります。しかしながら、そのように探し求められる「わたし」は、自明・秘密・謎・闇といったさまざまな面を持っています。こうした状況のなかで、私たちはさまざまな仕方で「本当のわたし」を実感していると思われます。ここでは、「統合するわたし/理想のわたし/心地よいわたし/それぞれのわたし」について考えていきます。

　「統合するわたし」は、さまざまな「わたし」を統合しコントロールします。例えば、息子、学生、友達、恋人、バイターといった異なる「わたし」を全体としてまとめあげ、それぞれの「わたし」を監視するのです。別の言葉でいえば、いろいろな「自分」を冷静にみている「わたし」にほかなりません。

　「理想のわたし」は、現実にあるさまざまな「自分」とは違った次元にある、こう成りたい理想としての「わたし」です。例えば、現在は周囲から評価もされず実績もあがっていないのですが、いつか有名な作家になってやるとの野望を抱いている文学青年にとっては、これから目指すべき「作家としてのわたし」こそが「本当のわたし」と感じられるのです。

　「心地よいわたし」は、その場ごとに変わる「わたし」のなかで、当人にとってもっとも快適に感じられる「わたし」です。親の手前「誠実な息子」や「真面目な学生」を装い、大学生活に適応するためいやいや「友達」を演じている若者にとって、自分らしさを発揮できる「バイター」こそが「本当のわた

し」にほかなりません。

「それぞれのわたし」は、多様化/分散化する「わたし」を全部ひっくるめたものです。それは、分散化しときには矛盾するさまざまな「わたし」に序列を付けません。どんな「わたし」も「本当のわたし」と看做すのです。例えば、親の前で「よい子」にしているのも友達と一緒に「ワル」をしているのも、どちらも「本当の」自分と感じ取る高校生などは、「それぞれのわたし」を日常として生きているといえます。本当/嘘、演技/マジといった二項対立自体が、そこでは希薄化しているのです。

「自分探し」から見えてくるもの

現代を生きる私たちは、こうしたさまざま仕方で「本当のわたし」を感じ取っているように思われます。そうした動きのなかに、二つの異なる方向性が指摘できます。

一方で「統合するわたし」や「理想のわたし」は、首尾一貫した全体性を目指す点で、従来からの近代的な自己観の延長線上にあるといえます。そこでは、さまざまな面を持ちながらも、それらを全体としてまとめあげるものとして「本当のわたし」が想定されているのです。こうした自己観は、「わたし」の多様性を重視しつつも、それらがバラバラに分散し断片化してしまわぬよう統合することを重視します。

他方で「心地よいわたし」や「それぞれのわたし」は、さまざまな「自分」のなかに敢えて優劣をつけません。論理的な首尾一貫性や全体性ではなく、より感覚的な快適さやノリが大切にされます。こうした「わたし」の捉え方は、統合や理想を重視する近代的な発想を超えようとする、ポスト近代的な自己観の模索ともいえます。そこでは「本当の自分」を実感するうえで、「わたし」を統合したり全体としてまとめ上げること自体がもはや問題とされません。

このように考えてくると、「本当のわたし」を探し求める昨今の動きから、二重の意味を読み取ることができます。多様化する「自分らしさ」のなかで「本当のわたし」を追い求めることは、従来からのモダンな発想に基づく「わ

たし」の復古と理解できます。しかし同時に、「本当のわたし」の模索のなかには、これまでの「わたし」のありかた自体を根底から疑うポストモダンの契機も含まれています。つまり、「本当のわたし」が取り沙汰されるなかで、そもそも「わたし」とは何かが問い直されてもいるのです。

　こうした点で、終わることなく繰り返される「自分探し」ブームは、現代社会での「わたし」を取り巻くアンヴィバレントな状況を象徴しているといえます。

解説・コラム

現代社会での「役割」の多様化

　複雑に機能分化していく現代では、人は単一の役割ではなく、さまざまに異なるたくさんの役割を担うことを期待される。そうした役割は、相対立する要素を含んでいることが少なくない。その結果、人々は役割間の葛藤に見舞われることになる。

　こうした問題を解決していく手段としては、不本意な役割から距離をとったり、与えられた社会的役割を演技として遂行することが考えられる。いずれの場合にせよ、役割葛藤という状況下で問題となることは、さまざまな役割と「わたし」との関係にほかならない。期待される役割を行なうのが「わたし」なのか。さまざまな役割のうちのどれを遂行しているとき、もっとも「わたし」らしいのか。いろいろな役割とは違ったところに「わたし」は存在しているのか。こうしたことが、役割が多様化する現代ではおおくの人々に問われている。

メディアを介して現われる「わたし」

　なにかのメディアを介してコミュニケーションを図ることで、日常とは違った「わたし」が体験される。その理由は、メディアを介した相手とのコミュニケーションは、対面状況とは違った「わたし」と「あなた」の関係を作り上げ、そのなかで「わたし」はこれまでとは違った「自分らしさ」を発揮するからである。

　近年、さまざまな電子メディアが普及していく理由のひとつとして、メディアに媒介された「わたし」を考えることができる。電子メディアを用いた相手とのコミュニケーションは単に便利なだけでなく、これまでとは違った相手と自分との関係を感じさせる。そうした関係自体が楽しかったり面白いため、若者たちはさまざまメディアを積極的に取り入れていると考えられるのである。

「自分探し」の流行と変化

　「自分探し」というテーマは、現代にお

いてけっして目新らしいものではない。物質的に満たされた「豊かな社会」では、おおくの人々が精神的な価値を求めて「自分とは何か」という問いを抱くことは必然ともいえる。

しかしながら、探し求められる「自分」のイメージや理想は、時代や社会ごとに変化している。例えば、「転換の70年代」には、「統合された自己」を確立することで自分らしさが発揮されると考えられていた。若者論においてモラトリアムやアイデンティティへの注目が高まったことに、こうした「自分」観を読み取ることができる。その後「豊かな80年代」には、ポストモダン思想の影響のもとで、より多様性に満ちた「自分」を生きることが提唱された。そこでは、「わたし」を統合することよりも、まだ見ぬ「未知の自分」を発見することが重視された。そして「不透明な90年代」において、人々の「自分探し」は、一方で分散化/断片化した現実の「わたし」を受け入れながら、他方で退屈な日常を超越する「ハレがましい自分」へと向かっていった。このように、「自分探し」ブームはとぎれることなく続いているが、そこで追い求められる「自分」がおおきく変化してきている。

設問

1. メディアに媒介されることで「別のわたし」が現われる具体例として、どのようなものが考えられるだろうか。

2. 私たちは、どのようなときに「本当のわたし」を意識したり考えたりするだろうか。その場合、「本当のわたし」にどんなイメージを抱いているだろうか。

3. どのような場面において、私たちは自分の知らない「わたし」を体験するのだろうか。具体例をあげて述べなさい。

11

恋愛をめぐるコミュニケーション
「わたし」の実現と消散

　「恋愛」とは、どのようなコミュニケーションなのでしょうか。そこでは、どのような「分かち合い」が相手とのあいだで交わされているのでしょうか。「恋愛」という他者との関係のなかで、「わたし」はどのように変わっていくのでしょうか。「恋愛」というコミュニケーションには、どんな魅惑と脅威が潜んでいるのでしょうか。

　本章では「わたし」という視点から、こうした「恋愛」をめぐるコミュニケーションについて考えていきます。

1. 「分かち合い」としての恋愛

コミュニケーションの理想型

　「恋愛」という言葉から、私たちはなにをイメージするでしょうか。好きな人への強い感情、相手への湧きあがる想い、異性との性愛関係などなど。どんなものであれ「恋愛」からイメージされるのは、打算や利害をこえた相手との関係にほかなりません。もちろん、現実には恋愛すらも打算的になされることが少なくありませんが、そうした恋愛を人々は「本当の恋愛」とは看做しません。そもそも恋愛とは、当人たちの気持ちや情緒にのみ基づいた「純粋な関係性」と考えられているのです。

　さらに、恋愛という関係では互いに「分かち合う」ことが重視されます。よく結婚式での誓いの言葉で「楽しいことも苦しいことも、ともに分かち合い」といわれるように、愛し合う二人が何事かを「分かち合う」ことが恋愛の本質なのです。

このように考えると、恋愛とはコミュニケーションの理想型であることが明らかになります。なぜなら、打算や戦略ではなく「ともに分かち合う」ことを目的に相手と関わることは、コミュニケーションのもっとも本質的な側面だからです。つまり、恋愛はコミュニケーションの「あるべき姿」を実現していると考えられるのです。
　こうした点を確認すると、どうして人々が恋愛に惹かれるのかが分かるでしょう。そのわけは、恋愛というコミュニケーションのなかで、人間味にあふれた情緒豊かな関係が得られると期待されるからにほかなりません。私たちは他者と恋愛することで、退屈な日常ではみたされないコミュニケーション欲求が充足されることを夢見るのです。

言葉/こころ/身体の「分かち合い」

　恋愛がコミュニケーションの理想型とされるもうひとつの理由は、そこでの「分かち合い」が、単に認識や知識だけでなく感情や身体にまで及ぶからです。
　例えば、互いのことをよく知り合っていても、それが知識や情報の次元にとどまっているならば、私たちはそれを恋愛関係とは感じないでしょう。互いに意見や認識を「分かち合う」だけでなく、感情や情緒といったこころや、セックスを通じた身体の「分かち合い」があってはじめて、私たちは恋愛を実感します。つまり、言葉/こころ/身体の全てにおいて「分かち合い」がなされることが、理想的な恋愛には不可欠なのです。
　だからこそ、どれかひとつだけの「分かち合い」を恋愛と呼ぶことに、私たちはためらいを感じます。例えば、互いの考えや感情を気に掛けることなく、ただセックスだけで結ばれた男女の関係は恋愛とは呼ばれません。また逆に、言葉やこころの「分かち合い」だけで身体の交わりを拒否するような関係をプラトニック・ラブといいますが、それは「恋」ではあっても、恋愛＝ロマンティック・ラブとはやはりどこか違います。「カラダだけ」では困るのですが、「カラダなし」でも問題なのです。
　たしかに私たちは、最初に言葉/こころ/身体のいずれかの「分かち合い」を

きっかけに、相手と親密になります。ですが、そこにとどまっている限り、「わたし」と「あなた」の関係は恋愛に発展しません。「分かち合い」がほかの次元にまで広がってはじめて、両者のあいだに恋愛が生まれるのです。

　このように、恋愛での「分かち合い」は言葉/こころ/身体のすべてにわたっていることが、コミュニケーションという点からみて特徴的です。

2. 理解としての恋愛：恋を育む

「自明」の共有

　恋愛のコミュニケーションは、何を目指して交わされるのでしょうか。「わたし」と「あなた」は、恋愛においてどんな関係を築き上げるのでしょうか。第10章で用いた図式（図10-1・154頁）を用いつつ、考えていきましょう。

　恋愛を進めていくうえで、互いを知ることが大切だとよくいわれます。そうした恋愛観では、「理解」こそが二人を結び付ける要だとされます。つまり、相手をよく知り相互に分かりあうことが、恋愛の第一条件と考えられているのです。では、そうした相互理解はどのようにして生まれるのでしょうか。

　ともに過ごした時間/訪れた場所/語り合った話題が増えていくほどに、恋する二人はより強く恋愛を感じ取ります。なぜなら、そのことで「ともに分かち持つ」ものが増えていくからです。ですが、それは体験や感情の共有にとどまりません。時間をともに過ごしたり行動をともにすることで、恋人たちは互いをよりよく理解できるようにもなります。

　例えば、恋人同士で一緒に遊びに出かけたり旅行にいくとします。そうしたとき、私たちは相手がどのようなことが好きなのか、何に興味を持っているのか、どんなことに感動するのかといったことを知る機会に出会います。どんなときに喜ぶのか。なにを見て笑うのか。どんなことが苦手なのか。こうした普段あまり見ることのない相手の姿をまぢかに体験します。つまり、ともに同じ経験をするなかで、互いに相手の「素顔」に触れたような気持ちになれるのです。

　こうした互いの理解は、それぞれの「自明なわたし」を分かち持つことにほ

かなりません。自分にも相手にも見える「わたし」が、共通の体験を通じて「分かち持たれ」ているのです。同じときを過ごしたり、同じ場所に出かけたり、同じ話題を語り合うことが恋愛にとって不可欠なのは、そのことで互いに「自明なわたし」が共有され、相互の理解が深まるからなのです。

「秘密」の告白/「謎」の解明

　恋愛における相互理解は、互いに「秘密」や「謎」を相手とのあいだで共有することで促進されます。恋に落ちた二人は、ほかの人には打ち明けない自分の「秘密」を相手に告白します。こうした「秘密」の告白は、一方的にではなく相互になされます。つまり、私は相手の、相手は私の「秘密」をそれぞれに知るようになるのです。このことは、結果的に「自明なわたし」を共有することにつながります。なぜなら「秘密」を他者にうち明けてしまえば、それはもはや私だけの「秘密」ではなく、自他ともに知る「自明」なものとなるからです。

　例えば、恋をしているA君とBさんは、それぞれに「秘密」を隠しているとします。そのため、どうしても互いに分かり合えたような気になれません。どことなく、自分に見える相手の姿に不信感を抱いてしまいがちです。どんなに仲良くしていても「これは本当の相手の姿ではないのでは」との疑念が湧き上がるのです。こうした状況において、A君が自らの「秘密」をBさんに告白したとします。自分はつい最近まで別の女性と付き合っていたこと。結婚の約束までしていたが、その人に別の恋人ができて自分は捨てられたこと。けれど、その人への想いの整理が自分のなかでまだできていないこと。こうした他人に話したくない「秘密」を思いきって打ち明けたのです。それに対してBさんも、自分の「秘密」をA君に伝えます。両親が薦める見合いの話があり、自分としてはこのままA君と付き合うべきか見合いをするべきか、実はかなり悩んでいる。A君のことは好きだけれど、将来のことを考えると少し不安なのも事実だ。こうした自分の胸のうちを正直に相手に伝えたとします。

　こうした互いの「秘密」の告白は、恋する二人の絆を強めることでしょう。

11　恋愛をめぐるコミュニケーション

告白された内容に驚いたりショックを受けることもありますが、それ以上に相手が自分に「秘密」を打ち明けてくれたことを嬉しく思うでしょう。これまで密かにしまっていた「秘密」を相手の前にさらけだすことで、それは二人のあいだで「分かち持たれる」ことになります。その結果、これまで相手に見えていなかった「わたしの秘密」が、相手にも分かる「わたしの自明」へと変わります。そのことで、互いの理解も深まっていくのです。

　相互の理解を目指す恋愛では、「秘密」の告白だけでなく「謎」の解明も必要です。なぜなら、相手をよりよく知ろうとするなかで、自分自身についての理解も深まることが期待されるからです。

　「謎」とは相手には見えて自分には見えない「わたし」の部分です。私たちは、他者とのコミュニケーションによって「謎」に気付くのですが、恋する二人の関係は、そうした気付きを得るうえで格好のものです。なぜなら、大切に想う相手が自分のことをどう見ているのか。相手に自分がどう映っているのか。こうしたことが、恋する二人のあいだで常に意識されるからです。さして重要でない相手ならば、その人に映る自分の姿を気にかけることもありません。ですが、大切な「恋人」のまえで、人々は「鏡に映る自己」にいろいろと思い悩むのです。

　恋愛するなかで、「あなた」という鏡のなかに「わたしの謎」を感じ取った私は、どうにかしてそれを解き明かそうとします。相手も私が「謎」を解くのに協力してくれるに違いありません。なぜなら、謎の解明は一方的にではなく相互になされるものだからです。つまり、私は自分の「謎」を相手は相手の「謎」を、恋愛のコミュニケーションのなかでそれぞれに解明しようとするのです。

　このようにして得られる「理解」も、「自明なわたし」を広げていくことにほかなりません。恋する相手とのコミュニケーションによって、「謎」は解き明かされ「自明」となります。その結果、私は自分自身をよりよく知るようになるのです。こうした「謎」の解明が相互になされることで、自分と相手とのあいだで「自明なわたし」がともに分かち持たれるのです。

「理解」のアイロニー

　このように「理解」を重視する恋愛では、「秘密」を告白したり「謎」を解明することで、「自明」を増やすことが試みられます。「理解としての恋愛」は、相手にも自分にも見える「わたし」を広げることを目指します。互いによく知り合うことで、「分かち合う」事柄も増えていきます。こうしたコミュニケーション関係こそが、「恋を育む」ことにほかなりません。

　ここには、互いを知ることを重視する恋愛観とともに、独特な「わたし」観とでもいうべきものが見え隠れします。つまり、「理解としての恋愛」が想定する理想的な対人関係とは、究極的には「わたし」と「あなた」を限りなく「自明」なものにしたうえで、それらを「ともに分かち合う」ことのように思えて仕方がありません。もちろん、そうした対人関係は現実には存在しません。ですが、もしも仮に「恋愛の天国」において、そうした透明な「わたしたち」による一点の曇りもない共有が成立したとして、はたしてそれは幸せな関係なのでしょうか。自分からも相手からも完璧なまでに「わたし」が見えていることは、「自分らしさ」という点で望ましいことなのでしょうか。「理解」という名のもとで「わたし」そのものが消失してしまうというアイロニーが、ここに潜んでいるように思えます。

3．誘惑としての恋愛：恋のゲーム

誘惑する/誘惑される快楽

　恋愛は「理解」として考えられるだけではありません。ときに「恋愛ゲーム」や「恋の駆け引き」といわれるように、恋愛では互いに相手を誘惑したり挑発することが試みられもします。こうした「誘惑としての恋愛」では、どのようなコミュニケーションが交わされているのでしょうか。

　私たちは相手を誘惑するために、望ましい自己イメージを演出します。つまり、相手が自分に対して好意的な印象をもつように、言葉/こころ/身体をコントロールするのです。例えば、意中の相手の前では上品に喋り、意味深長な言葉を投げかけ、セクシーな服を身にまとうといった具合に、相手が自分に対し

て興味や関心を抱くよう仕向けるのです。

　こうした自己イメージの操作は、「気をひく」とか「好かれる」といった目的のために為されている点で戦略的ともいえます。ですが、恋愛におけるイメージの演出には、ビジネスの場面などでのイメージ操作と決定的に違うところがあります。それは、誘惑のために自己イメージを操作することが当事者双方に楽しまれている点です。つまり、誘惑する側だけでなくされる側も、そのことを楽しんでいるように思われるのです。

　「誘惑すること」が快楽であるのは、いわずと知れたことです。自己のイメージを操作することで相手の気を惹くことは、どんな恋愛にも見られます。もちろん、こうした誘惑は必ずしもうまくいくとは限りません。こちらがモーションを掛けても相手は乗ってこないかもしれません。思わぬ強力なライバルの出現によって、折角の誘惑も無駄になってしまうかもしれません。ですが、不確実な要素に満ちているからこそ、どうにかして相手の気を惹こうとする誘惑のゲームは面白いのです。

　では「誘惑されること」が、どうして快楽なのでしょうか。そのわけは、人々が「誘惑される自分」をどこかで楽しんでいるからにほかなりません。純粋に戦略的な関係では、相手のイメージ操作に惑わされることは、楽しいどころではありません。むしろ、騙されたとか腹だたしいとの思いが生まれます。例えば、信頼できるビジネス・パートナーと思った相手が、実は詐欺師だったときのように。

　けれども、恋愛において相手から誘惑されるとき、私たちはそれがある種のゲームだったり駆け引きであることを十分に知りつつ、それを受け止めます。なぜなら、惹かれる相手からの誘惑に身を任すことは、けっして居心地の悪いことではないからです。誘惑されて戸惑う「わたし」を実感することは、決して嫌なことではありません。むしろそこに、ほかの関係では味わえない恋愛の醍醐味を感じたりします。

　このように「恋のゲーム」では、互いに惹かれる者同士の駆け引きを交えながら、誘惑する/誘惑される関係が作られます。そうしたコミュニケーション

は、ただ戦略的に自己イメージを操作したり偽装するのとは違い、当事者たちにおおいに楽しまれています。つまり、そこに人々は恋愛の快楽を見出しているのです。

「秘密」の演出/「謎」への投身

　私たちは、どのようなとき気になる相手に惹かれるのでしょうか。相手のどのような部分が、私たちの心を捉えるのでしょうか。

　こちらから見てその人の魅力と思われる部分、例えば話題が豊富であるとか感性が鋭いといった相手の個性に惹かれることはよくあります。ですが、相手から感じられる魅惑は、それだけではありません。こちらからは見えない部分、いわば相手の「秘密」に、私たちはときとしてあらがい難く惹きつけられます。相手のことを知りたく思えば思うほど、そうした「秘密」への興味が高まることは、誰もが経験することでしょう。つまり、「秘密」は恋愛の魅力の源泉なのです。

　誘惑の達人たちは、こうした「秘密」を巧みに用います。相手が自分の「秘密」に興味を抱いていることを十分に知ったうえで、自ら「秘密」を演出したりするのです。例えば、恋をするとき、ことさら隠す必要のないことでも、敢えて相手に話さなかったりすることがあります。そこでは、意識・無意識のうちに「秘密の演出」がなされています。そうした演出によって、私たちは相手を自分に惹きつけるべく誘惑しているのです。

　こうした「秘密」の演出は、相手の「謎」と深い関係を持っています。もしも、相手の「秘密」に惹かれる自分自身が十分に自覚されていれば、相手による「秘密」の演出はそれほど効を奏しないでしょう。なぜなら、醒めた私には相手の演出がわざとらしいものに見えてしまうからです。ですが、相手に惹かれる自分を完全には意識していないとき、つまり「惹かれるわたし」が「謎」であるとき、「秘密」の演出は効果的です。なぜかよく分からないうちに、私は相手に惹かれていきます。その結果、「わたし」は「あなた」の魅力の虜になっていくのです。

さらに面白いことは、「秘密」を利用した相手からの誘惑に対して、私たちはときに自覚的に身を委ねることがある点です。つまり、うすうす自分が惹かれている/誘惑されていることに気付いても、あえてそうした「謎のわたし」を振り返ることをせず、むしろ誘惑に身を投げ出すことがあるのです。こうした「謎」への投身は、「誘惑されるわたし」を楽しむことにほかなりません。相手に惹かれ誘惑される「わたし」を顧みるのではなく、あえて「謎」のままにしておく。そうすることで、誘惑のゲームを満喫できるのです。

「自明」の拒否

　このように見てくると、「誘惑としての恋愛」が「理解としての恋愛」とは対照的なコミュニケーションによって成り立っていることが分かります。「理解」として恋愛がなされるとき、それぞれの「秘密」を告白し「謎」を解明することで、互いの「自明なわたし」を広げることが目指されます。それに対して、「誘惑」として恋愛が展開するときには、「秘密」を演出したり「謎」に投身することで、あえて「自明なわたし」を作り出さないことが試みられます。なぜなら「誘惑」は、互いになにかしら分からない/見えない部分を相手に感じ取るときにのみ成立するからです。

　このことは「わたし」自身にも当てはまります。自分自身で「わたし」のことが全て分かってしまったならば、相手との「誘惑のゲーム」は面白くなくなってしまいます。「誘惑されるわたし」が快感であるためには、自分自身のなかになにかしら分からない部分がなければなりません。そのように自分のなかに不透明で不可解な「わたし」が残っているかぎりにおいて、相手とのあいだで「誘惑としての恋愛」を楽しむこともできるのです。

4．運命としての恋愛：恋は盲目

訪れる出会い

　「理解」であれ「誘惑」であれ、これまで見てきた恋愛は、当事者たちの主体的なコミュニケーションによって成り立つものです。つまり、自ら理解/誘

惑する「わたし」と「あなた」とのあいだで、恋愛関係は生まれるのです。たしかに、私たちの日常生活では、こうしたなかば意図的にはじめられる恋愛がほとんどです。ですが世のなかには、人々の思惑や選択を超えたところで成立する恋愛もあるのではないでしょうか。

　「恋愛は出会いだ」とよくいわれます。いくら頑張っても良い人にめぐり会えなかったのに、ふとしたキッカケで最高の相手と出会った。そうした話を雑誌などで読んだりします。このように「出会い」として恋愛を語ることには、恋愛を個々人のコントロールを超えたものと看做す発想が垣間みられます。ジタバタあがいてみても、恋愛は来るときには来るし来ないときには来ない。そうした開き直った恋愛観が、そこに感じられます。

　そういえば昔ヒットした歌に「不思議な恋は、おんなの姿をして、今夜あたり、訪れるさ」(『恋人も濡れる街角』作詞・作曲　桑田佳祐)との一節がありました。これなども、恋愛がふいに「訪れる」出会いであることを巧みに表わしています。

　恋愛の担い手は「わたし」と「あなた」にほかなりません。ですが、そもそもの恋のはじまりが、当事者たちの意図や選択を超えていることは少なくありません。その意味で、恋愛は「運命」ともいえます。「運命としての恋愛」は、私たちの思いどうりになるものではありません。

「道ならぬ恋」

　いつの時代にも、世間の目を顧みることなく「道ならぬ恋」に走る人々がいます。そうした人々を「常識」の高みから非難することは簡単です。「不道徳きわまりない」とか「残された家族のことを考えているのか」といった罵倒の言葉が浴びせられることも珍しくありません。たしかに、日常のモラルや世間の常識に照らしてみれば、そうした恋愛に夢中になる人々は「よろしくない」と判断されるでしょう。

　しかしながら、こうした「道なき恋」は「運命としての恋愛」が持つ魅惑の強さと恐ろしさを如実に物語っています。「道なき恋」に走る人々は、自分た

ちがしていることが「許されない」のを十分に知っています。それにも拘わらず、「運命としての恋愛」に陥らずにいられないのです。

　自分は国会議員で妻も子供もいる。相手と自分との年齢は親子ほども離れている。相手には婚約者がいて、しかもそれは自分の息子だ。これは映画『ダメージ』（ルイ・マル監督）でジェレミー・アイアンズ扮する主人公が直面する状況です。ジュリエット・ビノシュ扮する相手との恋がすべての面において禁じられたものであることを知りながらも、主人公は彼女との燃えるような愛にのめり込んでいきます。まさにこの映画では、恋愛は運命的な出会いとして描かれています。しかも、結末は当然のことながら悲劇的です。ですが、「逢うべきでなかった」二人が落ち込んでいく「道ならぬ恋」は、私たちに感動を覚えさせます。たとえ道徳的に非難されようと、常識からみて破廉恥であろうと、そこに恋愛の真摯さと美しさが感じ取られるのです。

　もちろん、映画の世界と現実の世界とを同一視することはできません。ですが、こうした「運命としての恋」が私たちの日常生活とまったく無縁だともいえません。たとえ実際にそうした恋に走ることはなくても、少なからぬ人々が、あってはならない／禁じられた相手との運命的な恋愛にあらがい難い魅力を感じた経験を持つことでしょう。

　「道ならぬ恋」に陥った人々は、自分たちの意図や選択を遙かに超え出た「運命」の力を前にして、全くの無力を感じます。相手への募る想いがどうすることもできないほどに強く、私はそこに身を任せるよりほか手だてがありません。そうした状況は、相手にとっても同じです。互いに強烈に惹かれあうなかで、二人はそれ以外の全てを犠牲にすることも厭わず、ただただ恋愛にのめり込んでいくのです。

「闇」の共鳴／「わたし」の消散

　「運命としての恋愛」は、どのようなコミュニケーションによって成り立っているのでしょうか。そこでは、「わたし」をめぐるどんなコミュニケーションが生まれているのでしょうか。

運命的な「道ならぬ恋」では、自分と相手それぞれの「闇」が共鳴しているのではないでしょうか。つまり、自分にも相手にも見えないけれどたしかに存在する「わたしの闇」が、運命の悪戯によって互いに惹きつけ合うとき、美しくも破滅的な恋愛が生まれるのです。

　個人にとっての「闇」が事後的にしか語ることができないのと同じで、「闇の共鳴」による恋愛関係も、それが進行している最中は、なにが起こっているのか当事者にもはっきりとは分からないでしょう。「魔がさした」と反省するのであれ「どうすることもできなかった」と弁明するのであれ「仕方なかった」と開き直るのであれ、後から振り返ってはじめて、そのときの状況を言葉にすることができるに過ぎません。

　こうした「運命的な恋」に無我夢中になるとき、恋愛の担い手であるはずの「わたし」は、ちっぽけな存在に過ぎなくなります。つまり、互いの「闇」が響き合うことで生じる強烈な魅惑を前にして、「わたし」そのものが消散してしまうのです。

　「他者」との関係において自分自身が無くなってしまうことは、誰にとっても恐ろしいことです。ですが、恋愛において生じる「わたし」の消散は、同時に快感でもあります。なぜなら、あらがい難く惹かれる魅力のなかで自分自身が消え去ることは、ある意味で相手との究極の交わり＝コミュニケーションといえるからです。

　このように考えると、心身における悦楽を意味する英語エクスタシー（ecstasy）の語源が、EX（out of）と HISTANAI（to set）であり、to put a person out of his sense（人をその感覚から抜け出させる）という意味を持つことも頷けます。つまり、他者との関係のなかで自らの立場や感覚が失われ「わたし」が消え去ってしまうことは、コミュニケーションにおける至福の快楽にほかならないのです。

5. コミュニケーションとしての恋愛の魅力

恋愛の類型

ここまでの「恋愛」についての議論を図式化して整理してみましょう（図11-1）。縦軸に自己実現―自己消散を、横軸に理解―誘惑をとって四つの象限を作ります。第一象限には、互いの理解を通じて自己実現を志向する「健全な恋愛＝恋を育む」が当てはまります。第二象限に該当するのは、誘惑を通じた自己実現を目指す「遊びの恋愛＝恋のゲーム」です。第三象限にくるのは、誘惑によって自己消散が起こる「無我夢中の恋愛＝恋は盲目」です。ここでの議論では取り上げませんでしたが、第四象限には理解の果てに自己が消散する「絶望の恋愛」がきます。

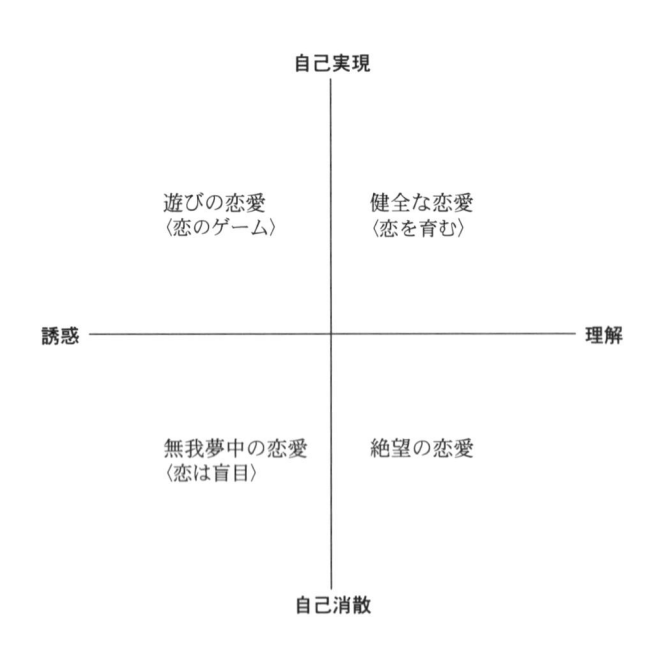

図 11-1 「恋愛」の類型

恋愛の両義性

　このように図式化することで、恋愛のコミュニケーションがきわめてアンビヴァレントなことが分かります。一方で、恋愛は互いの「秘密」や「謎」をなくすことによって相互の理解を深めます。しかし他方で、「秘密」を演出したり「謎」に投身するなかで互いに誘惑しあうことも、恋愛の重要な側面なのです。

　こうした両義性を踏まえると、どうして人々がコミュニケーションとしての恋愛にあこがれ、それを求めるのかが明らかになります。恋愛がコミュニケーションの理想型とみなされるのは、恋する二人のあいだに相互理解が成り立つからだけではありません。運命の悪戯に翻弄され、圧倒的な他者の魅力に飲み尽くされるような恋愛は、私たちが抱える「闇」の奥深さを象徴しています。そうした「闇の共鳴」がコミュニケーションに潜む脅威を感じさせるからこそ、人々は魅了されるのです。つまり、理解の可能性だけでなく限界をも表わしていることが、恋愛がコミュニケーションの「理想」と看做される由縁なのです。

解説・コラム

「恋愛」という関係　「恋愛(romantic love)」は、どの時代どの社会にも存在する普遍的なものではない。「恋愛」は、ヨーロッパ近代において広まった、歴史・文化的な人間関係の在り方である。「恋愛」において、個々人の人格や主体性が性愛と密接に結び付けられる。つまり、自己と他者の身体的合一は、精神面での相互理解や宥和と不可分なものと想定されるのである。こうした「恋愛」観に基づき、愛する二人のあいだで性愛関係が営まれるべきと看做すのが、近代の「恋愛結婚」イデオロギーにほかならない。そこでは、「恋愛」と「結婚」とが密接に結び付けられることで、そもそもの「恋愛」が持っていた社会秩序をゆるがす危険性が制度的に吸収される。

親密圏での「純粋な関係性」
　アンソニー・ギデンズは、近代社会において、一方では匿名的で打算的な社会関係が高まり、他方では親密な相手との情愛によって結ばれた関係が生まれることを明らかにした。こうした親密圏では、人々は他者とのあいだで「純粋な関係性」を築き上げ、そのなかで自省的に自己アイデンティティを模索する。つまり、人々は制度や組織によって与えられる

「役割」ではなく、他者との親密なコミュニケーションを通じて「自分らしさ」を作り上げていくようになる。「恋愛」は、こうした親密圏での「純粋な関係性」の典型と看做すことができる。

　現代社会では、こうした親密圏での「純粋な関係性」のなかで、ジェンダーやセクシュアリティをめぐる力関係のせめぎ合いが生じている。(A. ギデンズ『親密性の変容』松尾精文・松川昭川昭訳、而形書房、1995年)

「恋愛」と「わたし」　コミュニケーションとしての「恋愛」と「わたし」との関係は多層的であり、ときとして矛盾を含むものである。まず「わたし」は、恋愛の担い手として現われる。特定の相手に性愛的な愛着や好意的な感情をいだく「主体」は、この「わたし」にほかならない。と同時に、他のコミュニケーションの場合と同様、他者との「恋愛」の過程で「わたし」は新たな「自分らしさ」を発見し、それを作り変えていく。このとき、「わたし」は恋愛の「産物」といえる。さらに、恋愛における他者の圧倒的な魅惑は、ときとして「わたし」自身を吹き飛ばすほどに強いものである。このとき「わたし」は自分自身を失い、恋愛のなかに消散してしまうのである。

　このように「恋愛」と「わたし」との関係は、一元的なものではなく多元的かつ葛藤に満ちたものである。こうした関係は、コミュニケーション一般と「わたし」との関係を象徴的に表わしている。

設問

1.　私たちが日常的に「恋愛」を語るとき、言葉/こころ/身体の「共有」をどのように序列化しているだろうか。そうした「恋愛」観では、なにがもっとも大切だと考えられているだろうか。

2.　相手に「誘惑」されたり翻弄されることは、どうして「恋愛」の楽しみになりえるのか。ストーカーの場合と比較しながら述べなさい。

3.　自己の消散を引き起こすような「恋愛」は、日常生活の常識においてどのように捉えられているだろうか。それは、どういう理由からなのだろうか。

12

「公私」をめぐるコミュニケーション
「わたし」の揺らぎ

　私たちは、公的な場面と私的な場面を分けて生活しています。それぞれの領域では、交わされるコミュニケーションも違います。なにを基準として、そうした区分けは成り立っているのでしょうか。コミュニケーションを通じて、「公私」はどのように区別されるのでしょうか。

　本章では、「公私」をめぐるコミュニケーションについて考えていきます。現代社会での「公私」をめぐり、なにがどのように変わってきているのか。そのなかで「わたし」は、どのような状況に置かれているのか。メディア・テクノロジーが「公私」のありかたを再編成している現状を踏まえつつ、現在の「公私」の揺らぎについて見ていきます。

1. 公の領域/私の領域

〈公〉＝オオヤケとは何か

　〈公〉＝オオヤケとはなんでしょうか。辞書をみると、「天皇・朝廷」という意味とならんで「国家・社会または世間」「表立ったこと。公然」「私有でないこと。公共」「私心のないこと。公明」とあります（『広辞苑』第四版）。私たちが日常的に用いる〈公〉も、おおよそこうしたものでしょう。自分だけでなくほかの人々も関わる事柄や、皆が関心や興味を持つ問題などが、〈公〉としてイメージされるのです。

　例えば、ある地域でゴミ焼却炉の建設計画が持ち上がったとします。地域住民たちは、焼却施設からの噴煙や廃棄物が、自分たちの生活に影響を与えるのではないかと危惧することでしょう。それはひとりだけの問題ではなく、地域

の「みんな」に関わる問題です。そのため、自治区ごとに集会を開いて意見交換したり、専門家を招いて勉強会を設けたりします。そうしたなかで、建設計画に対する「反対運動」を盛り上げていくのです。

このとき、「ゴミ焼却炉」問題は〈公〉に関わるものとして人々に受け止められています。つまり、個々人のエゴや打算ではなく、地域に暮らす全ての人々に関わる問題として、ゴミ焼却施設を建設するかどうかの是非が問われるのです。

このように、その事象の持つ意味が特定の個人だけでなくよりおおくの人々に関係するとき、それを〈公〉＝オオヤケの問題として私たちは理解します。

〈私〉＝ワタクシとは何か

〈私〉＝ワタクシとはなんでしょうか。これも辞書によると、「公けに対し、自分一身だけに関わる事柄」「表ざたにしないこと。内密」「自分自身の利のために不法にふるまうこと。ほしいままなこと」とあります（『広辞苑』第四版）。たしかに、私たちは日常の会話において〈私〉をこうした意味で用いています。自分のことだけ考え他者を顧みず、ときにルールや規範を破ってまでも自分の利益を追求する姿は、〈私〉の典型と看做されます。

先の例でいえば、住民ぐるみで反対運動をしている最中に、自分の土地を高く売りたいばかりに、他の住民の意思を無視して施設側と土地転売の密約を結んだりするようなことがあれば、人々はそれを私利に駆られた行動として非難するでしょう。「みんな」のことを考え住民運動を進めることが〈公〉であるのに対して、自分の金儲けだけを考えるのは〈私〉にほかならないのです。

このように、自分が関わることだけに没頭したり、他の事柄を度外視してまで私利を追い求めることを、私たちは〈私〉＝ワタクシごとと看做すのです。

「公私」の違い

日常的な感覚では、〈公〉と〈私〉は対立関係にあると思われます。たしかに、辞書の定義にもあるように、〈私〉は〈公〉に「対する」事柄です。です

が、実際に「公私」が論じられる場面を見ていくと、両者の関係がそれほど単純でないことが明らかになります。

先の例では、ゴミ焼却施設建設に反対することは〈公〉の問題です。ですが、施設建設を推進する側（国や行政）は、なにも〈私〉の立場から焼却施設の必要を説くわけではありません。年々増加する家庭ゴミを処理するためには、新たな大型焼却炉を都市近郊に建てることが不可欠である。それは〈公〉の必要性に基づくものである。こうした「公共性」の名のもとに、国や行政は建設計画を立ち上げたに違いありません。ですから、推進側にとっては、反対運動を繰り広げる地域住民こそが、住民エゴや地域エゴに駆られ〈私〉的な行為に走っていると映るのです。

それに対して住民側からは、建設計画はなんら〈公〉の立場にたつものでなく、一部の政治家とゼネコン業社の癒着による私利私欲に駆られた〈私〉ごとにほかならないと糾弾されます。このように、地域住民と国家・行政とでは、それぞれが考えている「公私」がおおきく異なるのです。

こうした例から、「なにが〈公〉の事柄なのか」とか「なにが〈私〉に関わる問題なのか」といったことが、あらかじめ決められたものではなく、それぞれの状況や文脈（コンテクスト）ごとに変わってくるのが分かります。つまり、誰にとって／どんな状況で／なにをめぐっての「公私」なのかによって、その内実は違ってくるのです。

「公私」の両義性

「公私」は、しばしば特定の価値判断を伴って語られます。「公私」を論じていくうえで、この点に注意することが大切です。

ひとりの人間の事柄である〈私〉は、よりおおくの人々が関わる〈公〉に対して低い位置にある。それゆえ、ときには〈私〉が〈公〉ために犠牲にされても仕方ない。こうした発想が、「公私」が議論されるおおくの場合に垣間みられます。たしかに、先の例などでは、〈私〉とは住民一丸となった〈公〉の「反対運動」を裏切るような行為にほかなりません。ですが、どんなときにも

〈公〉は正しく〈私〉はそれに従うべきと考えるのは、明らかに間違っています。

例えば、第二次世界大戦の最中における〈公〉とは、戦争遂行のために「滅私奉公」して国と軍部に協力することにほかなりませんでした。そうした状況のなかで、反戦作家のなかには、あえて人々の「色」や「欲」といった〈私〉ごとを取り上げて作品を書き続けたものがいました。絶対的な〈公〉が信じられていた当時において、そうした〈私〉ごとにこだわる作家の態度は、おおくの人々の侮蔑や嘲笑を引き起こしたに違いありません。ですが、現在振り返って考えてみると、そうした〈私〉に固執する立場が、人々を抑圧し暴力を正当化する〈公〉に対する批判を含んでいたことは明らかです。それは社会をより良くすべく、〈公〉に対して〈私〉をもって対抗しようとする試みにほかなりません。

こうした例から明らかなように、〈公〉がつねに正しく〈私〉は些末なものに過ぎないと考えるわけにはいきません。過去の歴史を振り返れば、抑圧的で暴力的な〈公〉に対して、個人にこだわる〈私〉が自由や解放を人々にもたらす契機となった事例に事欠かないのです。

このように「公私」の関係は、つねに矛盾と緊張をはらんだものといえます。なにが〈公〉でなにが〈私〉なのか。それぞれがどのような価値を体現しているのか。そうしたことは、「公私」が語られ作り上げられるコンテクストによって、さまざまに異なってくるのです。

2. コミュニケーションと「公私」

「公私」の区分け

コミュニケーションと「公私」は、どのように関わっているのでしょうか。私たちは、他者とコミュニケーションを交わすなかで、どのように「公私」を意識しているのでしょうか。

〈公〉の事柄について話したり考えたりするとき、私たちはフォーマルに振

舞いがちです。例えば、大学生がゼミ発表でゴミ問題について報告するときなど、生真面目に専門用語を駆使しつつ、現在いかにゴミ問題が深刻化しているかを述べたりします。また、街頭で「現在の日本経済についてどう思いますか」などと尋ねられると、日頃あまり考えていなくても、ついつい自分の就職のことと絡めて「本当に深刻だと思います。一刻もはやい政府の対策を期待します」などと答えたりするのです。つまり、おおくの場合〈公〉の事柄は、真面目な/正式なコミュニケーションとして語られるのです。

　それに対して〈私〉ごとをめぐるコミュニケーションは、仲のいい友達や気心の知れた相手とのあいだで、リラックスしたお喋りとして交わされます。最近、何にハマっているのか。週末のバーゲンでなにを買ったのか。今度の夏休みはどこへ出かける予定なのか。こうした〈私〉ごとは、仲間とのお喋りの格好の話題です。そうしたコミュニケーションのなかで、人々は互いに〈私〉ごとを語り合うのを楽しんでいます。

　このように私たちは、「公私」を区別してコミュニケーションを交わしています。そこでは、単に話される話題が〈公〉か〈私〉かの違いだけでなく、期待される「役割」や相手との関係性までもが違ってきます。別の言葉でいえば、私たちは、その場の社会的な状況ごとに「公私」の区分けをするのですが、それは相手とのコミュニケーションのモードを変えることで可能になるのです。

メディアによる「公私」の再編

　コミュニケーションが「公私」の区分けをする点を認識すると、「公私」とメディアが深い関係を持つことも頷けます。なぜなら、メディアによってコミュニケーションが媒介されることで、〈公〉の領域と〈私〉の領域とが新たに作り変えられるからです。つまり、メディアは「公私」を再編するのです。私たちにとって馴染みの深いテレビは、こうした「公私」の再編成におおいに寄与しています。

　私たちはどのようにして、ある事柄が〈公〉に関わるものだと意識するのでしょうか。先の例でいえば、どのような過程を経て、ゴミ焼却炉建設を〈公〉

の問題と考えるようになるのでしょうか。

　まず考えられるのは、周囲の地域住民との対面的なコミュニケーションです。となり近所の人たちが直接話をするなかで、廃棄物への不安や行政への怒りなどが口にされ、やがて「反対」の気運が生まれます。こうした場合、対面状況での他者とのやり取りによって〈公〉への関心が高まるのです。

　しかしながら、現代ではこうした対面状況でのコミュニケーション以上に、テレビに代表されるメディアを介したコミュニケーションによって私たちは〈公〉の問題を知り、それについて興味や関心を抱くことが少なくありません。例えば、テレビがゴミ事情を〈公〉の問題として取り上げ、それについて特集を組んだり論評を加えたします。それを視た私たちは、そうした〈公〉の問題を「ともに分かち持つ」ようになります。その結果、自分が暮らす地域での焼却炉建設計画を、その他の地域にも共通する〈公〉の問題として見ることができるようになるのです。

　メディアが伝えることによって、私たちは〈公〉の事柄を知ることができます。そのおかげで、私たちは〈公〉の問題について考えたり、自分の意見を述べたりすることができるのです。こうした点で、メディアは私たちにとって「何が〈公〉であるか」を決めているといえます。

　ところで、こうしたテレビの働きは、なにも〈公〉の事柄だけに限りません。今年流行するファッションは何なのか。いま巷では何がブームなのか。海外旅行に出かけるならどこが穴場なのか。こうした個人の趣味やこだわりに関わる〈私〉ごとについて、メディアはさまざまな情報を提供してくれます。その結果皮肉なことに、「自分が何をしたいのか」をメディアに教えてもらうという事態が生じています。つまりメディアは、「何が〈公〉なのか」を決めるのと同様に、「何が〈私〉なのか」を作り上げてもいるのです。

　このようにしてメディアに媒介されたコミュニケーションは、「公私」のありかたを再編成していきます。その過程で、従来は〈公〉とは考えられなかった事柄が、おおくの人々に関係する「公共的なこと」と受け止められるようになることがあります。その例として、最近の「環境ホルモン」報道をあげるこ

とができます。これまであまり知られていなかった環境汚染が、実はとても身近なものであること。さらに、そこに潜む人体への危険が無視できないものであること。こうした点についてメディアが積極的に報じることで、今ではおおくの人々が「環境ホルモン」の影響を、国をあげて取り組むべき〈公〉の問題と看做しているのです。

　また逆に、従来は〈公〉に関わると考えられていたことが、メディアの働きによって〈私〉こととして受け止められるようになるケースもあります。例えば、一昔前であれば「失業」は単に当事者たちだけの問題ではなく、国や企業がその対策を講じねばならない〈公〉の問題と考えられていました。ですが、長引く不況のなかで失業率が戦後最高水準にまで高まると、今では「失業」を当人自身の問題と捉える風潮が強まっています。つまり、「失業」は個人の問題とされるのです。こうした変化の背景に、時代の流れがあることはいうまでもありません。ですが、メディアの影響もけっして小さくはないでしょう。一方でニュースが「失業率の高さ」を日常茶飯事として伝え、他方、ドラマなどで仕事があること/働けることが「あたりまえ」と描かれることによって、「失業」という事象の意味合いが変わっていくのです。以前であれば、保証や福祉の対象とされたことが、いまでは「自己責任」として本人の〈私〉に任されるのです。

3．現代における「公私」の揺らぎ

　「公私」とはあらかじめ定められた境界ではなく、コミュニケーションを通じて区分けされること。さまざまなメディアは、これまでになかった新たなコミュニケーションを生み出すことで「公私」を再編成していること。以上のことを、ここまでの議論で見てきました。そこで次に、コミュニケーションと「公私」との関係が、現在どのように変わりつつあるかを考えていきます。

〈私〉の肥大/〈公〉の縮小

　近年、「豊かな社会」での人々の欲望の爆発が非難されることが増えてきま

した。そうした見方では、おおくの人が自分のことしか考えないことが、さまざまな社会問題の原因と看做されたりします。つまり、道徳や倫理を欠いたままエゴイズムだけが肥大することによって、私たちが「自分以外」の事柄を考えられなくなったことに警鐘が鳴らされるのです。

　例えば、夏の最中、暑い車中に幼い子供を残してパチンコに出かけ、我が子を死なせてしまう親が後をたちません。そうした事件に対して、「自分のことしか考えていない」とか「遊びたいという自分の欲望を抑えることができない」といった批判が聞かれます。たしかに、己のエゴイズム（パチンコをしたい）のために自分の子供を死なせてしまう親の姿を見ていると、恐ろしいまでに肥大した〈私〉が社会に広まっているように思われます。誰もが自分自身に夢中になるのですが、その反面、他人に対する豊かな感受性や配慮の気持ちが失われていく。たしかに、こうした傾向が、私たちが生きる現代社会で高まっているのではないでしょうか。

　おおくの場合、こうした〈私〉の肥大は〈公〉の縮小とセットになって語られます。つまり、人々が「自分のことだけ」に思い惑わされるようになったのは、〈公〉への敬意や畏怖を忘れてしまったからだとされるのです。逆に言えば、こうした立場では、現在のエゴイズムの暴走や〈私〉の肥大を解決するためには、改めて〈公〉を築き上げることが不可欠だと主張されます。

　1998年にベストセラーとなった小林よしのり著『戦争論』では、こうした考え方が過去の戦争を自己弁明的に振り返るなかで明確に打ち出されています。戦後の平和な社会のなかで、日本人のおおくは個人＝自分のことだけを考えてきた。その結果、私たちは「公共心」を失ってしまった。若者のあいだに「援助交際」や「オヤジ狩り」が蔓延しているのも、親の世代がこうした「公共心」なきエゴイズム（ミーイズム）を増長させてきたからにほかならない。このように現代社会の諸問題を捉える小林は、人々が「公共心」を取り戻すべく〈公〉や「国家」についてもっと真剣に考え、誇りや忠誠心を持たねばならないと主張するのです。

　ここには、現代の「公私」に対するひとつの見方が典型的に表われています。

一方で、欲望に衝き動かされ肥大化していく〈私〉があり、他方で人々の日常からますます乖離し、実感として捉え難い〈公〉がある。こうした「公私」の分離状況は、私たちが日々目のあたりにするものです。人々の〈私〉は巷にあふれているのですが、〈公〉はなかなか見えてきません。このように、現代の「公私」をめぐる第一の特徴は、〈公〉の縮小のもとで〈私〉が肥大していることにほかなりません。

〈公〉の私化

　それでは、〈私〉の肥大/〈公〉の縮小は、私たちの日常生活のなかで、どのような現象として現われているのでしょうか。具体的な場面を想定しながら、考えていきましょう。

　しばらく前から、電車のなかで化粧を直す若い女性が増えたことが、テレビのワイドショーなどで取り沙汰されるようになりました。識者やコメンテイターのおおくは、「みっともない」とか「はしたない」と批判的です。家庭での躾が欠如しているのではないか。教育現場で社会生活のマナーが教えられていないのではないか。そのように「原因」究明がなされたりします。

　ですが、こうした批判にもかかわらず、「化粧を直す」人々が減っているようには思えません。むしろ、増えているのではないでしょうか。

　ここに、「公私」をめぐるある種の変化を見ることができます。若い女性の行動を批判する大人たちからみれば、「化粧」は〈私〉に関わる行為です。それは、あくまで私的な領域（自分の部屋の中）で為されるべきことです。ですから、電車や公共の場といった〈公〉に関わる場所で、他人の目をはばかることなく平気で化粧を直す若い女性の感覚が理解できないのです。

　ですが、おそらく当の本人にとって、電車のなかや公共の場は〈公〉とは感じられていないでしょう。だからこそ、平気でいられるのです。見ず知らずの他人の前で化粧を直す＝〈私〉をさらすことを「恥ずかしい/はしたない」と思うためには、電車のなかや公共の場が〈公〉の世界として感じ取られる必要があります。しかしながら、化粧を直す女性は、そのように感じてはいないでし

ょう。なぜなら、自分の身の回りにいる「見ず知らずの人々」は、〈公〉の領域の体現者というよりも、文字どおり「どうでもいい人々」だからです。たとえ周囲に人がいようと、それは自分とは何の関わりもない「アカの他人」に過ぎない。そんな人たちと自分とのあいだで〈公〉が形成されるとは思いもよらない。このように感じているからこそ、電車のなかであれ喫茶店のテーブルであれ、そこは自分の好きなことをして構わない場所＝〈私〉の領域に成りえるのです。

こうした「公私」の揺らぎは、〈公〉の私化として理解できます。つまり、従来は自分だけでなく「みんな」が関わる公的な場と考えられていたところで、きわめて私的な行為が為されているのです。

実際のところ、こうした〈公〉の私化は、なにも若い人だけに見られるものではありません。「おとな」にも深く浸透しています。例えば、夜遅く新幹線の車中で、靴や靴下までも脱ぎ捨て、脚をシートに上げ、ビール片手に雑誌をめくっているサラリーマンの姿を想像してください（けっして珍しい光景ではありません）。あまりにリラックスしすぎたその姿は、見るものにあたかも自分の家でくつろいでいるような錯覚を与えます。ここでも、公共の領域が〈公〉とはイメージされず、その結果、私的な行為が人目もはばかることなく平気でされているのです。その点で、「化粧を直す女性」と「裸足でビールを飲むオヤジ」のあいだに、なんの違いもありません。

振り返って考えてみると、こうした〈公〉の私化という現象は、私たちの日常にあふれています。人前でベタベタとキスを交わすカップル。どこにでも座り込む若者。ファミレスの手拭で顔ばかりか脇の下まで拭いてしまうオジサンやオバサン。〈公〉の私化は、日常になりつつあります。

メディアによる〈私〉化

さまざまな〈公〉の私化という現象を見ていくと、新たなメディアがこうした傾向を促進していることが分かります。例として、携帯電話が「公私」のありかたに与える影響について考えてみましょう。

携帯電話が普及するにつれ、電車内やレストランなど公共の場でのマナーが問題となりました。「周りで大声で話されると迷惑だ」「隣りにいると、うるさい」といった苦情は、今でも後をたちません。けれども、ただ単にうるさいことが問題ならば、それはことさらケータイでのお喋りに限らないでしょう。集団で乗り込み談笑に耽る学生や、仕事帰りに電車のなかで会議の続きをするオジサンたちは、それなりにうるさいものです。
　このように考えると、ケータイに対して批判が加えられる原因は、単にうるさいのとは違ったところにあると思われます。おそらく、電車内でケータイで話す人々に対して抱かれる「不快感」は、「化粧を直す」人々に対するのと同じものです。つまり、〈公〉の場で〈私〉ごとに耽ける態度が「おとな」の反感を引き起こすのです。ふさわしくない場で〈私〉を他人の目にさらしていることが、「けしからん」とか「みっともない」といった非難を生み出すのです。
　けれども、ここで実際に生じていることは、「モラルの低下」や「羞恥心の欠如」というよりは、「公私」の揺らぎにほかなりません。ケータイでお喋りに興じる若者にとって、見知らぬ人々とともに置かれている「電車のなか」よりも、メディアに媒介されて成立する友達との「会話の世界」のほうが遙かに大事です。たとえ自分の身体は電車のなかにあろうとも、メディアを介して繋がっている相手との関係をリアルで生き生きとしたものと感じることは、今では普通のことです。ケータイのおかげで私たちは、お喋りという〈私〉ごとをどこでも/誰とでもできるようになりました。その結果、従来の公的な場所は、ますます〈私〉化されていくのです。

「揺らぎ」の多元性
　ここまでの議論で、現代における「公私」の大きな流れを〈私〉の肥大/〈公〉の縮小として考え、その具体的な現われとして〈公〉の私化について見てきました。こうした「公私」の揺らぎは、当然のことながら一気に生じるものではありません。また、社会に生きる全ての人々が、こうした変化を同じように共有しているわけでもありません。一般的にいって、若い世代は「おと

な」と比べ、そうした変化に敏感に反応し「揺らぎ」を楽しんでいるようにすら思われます。他方、これまで「公私」のあり方を「あたりまえ」と思ってきた古い世代は、新たなメディアによって促進される揺らぎに直面して、戸惑いを隠せません。ときとして、そうした当惑が「若者」に対する文句や愚痴としてぶつけられることも少なくないでしょう。このように「揺らぎ」の受け止められ方は、世代ごとにおおきく異なります。

　さらに、「揺らぎ」の向かう方向が、必ずしもひとつでないことに注意する必要があります。たしかに、〈公〉の私化は顕著な傾向ですが、それ以外の「公私」の揺らぎが起きていないわけではありません。メディアの働きは、この点でも重要な役割を担っています。

　例えば、しばらく前から、コンピュータ・ネットワークを利用した在宅勤務が、通勤地獄を解消したり家庭の主婦に労働の機会を与える点で有効だといわれてきました。たしかに、「家にいながら」仕事ができれば、子育て期にある女性にとっては有難いことです。しかし他方で、家庭とオフィスがネットワークで結ばれることは、「家にいてまで」仕事をせねばならないという状況をもたらしもします。現在の動向を見ていると、どうも後者の可能性の方が強いようです。

　このように、家庭に情報機器とネットワークを導入して仕事をすることは、〈私〉の公化とも呼ぶべき傾向をもたらします。つまり、家庭という私的な領域が、仕事という公的な行為によって占められるのです。これは〈公〉の私化と相反する方向のように思われますが、メディアの発達はこうした相互に矛盾する「公私」の揺らぎを同時に引き起こしているのです。

　近年、〈私〉の肥大／〈公〉の縮小に対して、さまざまな立場から批判が出されています。先に論じた小林よしのりによる「公共心」の提唱などは、その典型です。個人のエゴイズムに歯止めをかけると同時に、自分のことだけでなく〈公〉や「国家」のことを考える必要性を説く立場が、このところ力を得ているようです。1999年に国会の場で「日の丸」を国旗とし「君が代」を国歌とする法案が成立したのも、そうした現代社会の流れを象徴的に物語っています。

こうした動きは、〈公〉の私化とは反対の方向に向けて、これまでの「公私」のあり方を問い直していくものにほかなりません。

このように考えると、「公私」をめぐる揺らぎはけっして一元的ではなく多元的なものとして、ときに相互に矛盾しながら進んでいくことが分かります。その過程で、コミュニケーションがおおきな役割を果たすのは、いうまでもありません。私たちが、他者とのコミュニケーションを通じてどのように「公私」を区分けするのか。どのような場面でどんな相手と公的/私的な関係を築き上げていくのか。そうした実践のなかから、新たな「公私」が姿を現わしてくるのです。

4. 「公私」の揺らぎと「わたし」

「露出系」の人々

これまでの「公私」が揺らぎ再編成されていくなかで、「わたし」も変貌します。

「公私」の境界付けがはっきりしているとき、公的な「わたし」と私的な「わたし」を演じ分けることは簡単です。なぜなら、それぞれの社会的場面ごとに他者との関係を使い分ければいいからです。そこには、〈公〉なのか〈私〉なのかによって、相手とのコミュニケーションを変える「わたし」が厳として存在します。

このように「わたし」は、「公私」を区分するコミュニケーションの担い手です。と同時に、そうした「公私」をめぐるコミュニケーションのなかで、公的な/私的な「わたし」が作り上げられもします。つまり、他者との関係のなかではじめて、私たちは公的な「自分」や私的な「わたし」を実感するのです。それゆえ「公私」が再編成されることによって、「わたし」にも揺らぎが生じると予想されます。

ブームともいえる盛り上がりをみせているインターネットは、こうした「公私」と「わたし」の関係を考えていくうえで格好の材料です。コンピュータ・ネットワークによって作り上げられるサイバー・スペースでのコミュニケーシ

ョンは、いったい〈公〉なのでしょうか〈私〉なのでしょうか。

　従来、通信は手紙であれ電話であれ個人に関わる「私的なもの」と看做され、その内容の秘密を保持することが義務付けられてきました。ところが、通信ネットワークという点でインターネットも電話と同じなのですが、そこにはこれまで見られなかったコミュニケーションが現われています。従来の通信が基本的に一対一の非公開での情報のやり取りなのに対して、インターネットのホームページやニュースグループでは、不特定多数の人々による公開のコミュニケーションが交わされています。

　こうした従来の私的な通信とは様相を異にする新たなコミュニケーションは、人々が抱く「わたし」への感覚にも変化を与えているのではないでしょうか。例えば、インターネットのなかには「露出系」とでも呼ぶべき人々が溢れています。彼/彼女たちは、自分のホームページに、まるで日記を綴るかのようにきわめて私的な事柄を掲示したり、自分の性生活に関わるプライバシー情報を、画像なども交えて平然と公表したりします。原則的にインターネットのホームページは「誰もが」アクセスできますから、「公然」という点で〈公〉といえます。それにも拘わらず、こうした「露出系」の人々は、〈公〉の場にきわめて〈私〉的な情報を提供しているのです。まさに〈公〉の私化にほかなりません。

　どうして、このような「露出」が試みられるのでしょうか。私生活やプライバシーを公開してしまうことで、人々は何を得ようとしているのでしょうか。

　私たちの日常では、「公私」の区別が比較的にはっきりし、両者のあいだにメリハリがあります。だからこそ、公的な「わたし」と私的な「わたし」の違いは歴然としていて、それぞれの「わたし」を区別して演じることができます。例えば、会社では厳しい「鬼係長」も、家に帰ればただの「親ばか」かもしれません。ですが、こうした「公私」をめぐる「落差」があるからこそ、人々は「わたし」を実感することもできるのです。

　ところが、インターネットのような電脳空間では、明確な「公私」の感覚を持つことは困難です。どこまでが公的でどこからが私的なのか、当事者たちに

も分かりません（電子メールを厳格に仕事の用件のみに使う人は少ないでしょう）。こうした「公私」の揺らぎは、これまで自明視されていた「わたし」のあり方を脅かします。サイバースペースのなかで、実感をもって感じ取られる「わたし」は何処にいるのか。いったいなにが本当の「わたし」なのか。こうした疑念が高まっていくのです。

このような「公私」の揺らぎのなかで、あえて「わたし」を確認しようとするとき、その方法が「過激な」ものになったとしても、さして驚くべきことでないのかもしれません。そう考えると、公的な場で極端なまでに〈私〉を開示する人々は、そうした「落差」によってかろうじて「わたし」を感じ取ろうとしているのかもしれません。あるいは、〈公〉の私化が引き起こすスリルや他人の反応を楽しむことで、自分自身を確認しようとしているのでしょうか。インターネットに広がる「露出系の人々」を見ていると、そこに「わたし」への不思議なこだわりがあるように思えて仕方ありません。

「つながり」のなかの「わたし」

このように「公私」の揺らぎのなかで「わたし」を確認しようとする試みは、なにもサイバースペースだけに見られるものではありません。先にも述べたように、ケータイに代表される電子メディアは、私たちが、いつでも/どこでも/だれとでも〈私〉の世界に没入することを可能にしてくれます。たとえ、電車のなかであろうと街中を歩いていようと、そうした「公的な場所」をさして意識することなく、人々は〈私〉の領域を延長するかのように、友達や恋人とコミュニケーションを楽しむことができます。つまり、どこにいようとメディアを介して親しい相手と「つながっている」かぎり、そこに〈私〉の世界ができ上がるのです。だからこそ若者たちは、そうした快適な「つながり」が途切れることを嫌うのです。こうした親しい相手と常に「つながって」いたいという願望は、とりわけ若者を中心に現代社会で広まっているようです。かってのポケベルであれ最近のメールやケータイであれ、電子メディアを介して「つながり」を保持できるからこそ、若者たちはそれを受け入れ楽しむのです。

こうした若者文化における「つながっている」ことへの固執には、「公私」の揺らぎのなかでどうにかして「わたし」を実感しようとする人々の願望が、反映されているように思われます。相手との「つながり」を求めるとき、人はあらかじめ確固たる「わたし」を持っているとは限りません。むしろ、何らかのかたちで相手と「つながる」ことによってはじめて、「わたし」を実感できるのではないでしょうか。つまり、さまざまな相手とのメディアを介した「つながり」のなかで、不安を感じることのない居心地のよい「わたし」を「発見」するのです。

　こうしたことを踏まえると、個人のエゴや身勝手といった点だけから〈公〉の私化を見ていくのは明らかに一面的です。のべつまくなくお喋りする若者や電子メディアを介して「私生活」をさらけ出す人々を前にして、「自分のことしか考えていない」とか「他人の視線を意識することすらできないのか」と批判するのは簡単です。ですが、こうした批判は、これまでの「公私」の区分と、それを前提としたうえでの「わたし」のあり方を「あたりまえ」として成り立つものです。そうした前提が大きく揺らいでいる現在、これまで通りの批判を繰り返すことにはたして意味があるのでしょうか。

　いたずらに現状を嘆くのでも手放しで賞賛するのでもなく、現代のコミュニケーションが引き起こす「公私」の揺らぎのなかに、これまでとは違った「わたし」の感じ取り方や「自分らしさ」の模索を読み取ることも、あながち無駄なことではないでしょう。

解説・コラム

「公私」をめぐるポリティックス　私たちは、日常生活において「公私」区分を自明なものと看做しがちである。しかし、何が「公的なこと」であり何が「私的なこと」であるかは、歴史・社会的なコンテクストにおいて決まる流動的なものである。重要なことは、そうした公私の区分けが、常に権力関係のなかで成立している点である。つまり、公私区分のありかたは、社会全体の力関係を反映しているのである。

フェミニズムは、こうした公私をめぐるポリティックスに注目しつつ、その運動を展開してきた。有名なスローガン『個人的なことは政治的である』は、そうした問題意識を端的に表わしている。例えば、かって家庭内での夫の妻に対する暴力は、夫婦間の問題として「私的なもの」と看做され続けてきた。しかしながら、そうした家庭での性暴力は、女性差別的な社会のあり方を反映したものにほかならない。つまり、性差をめぐる家庭内の暴力と家庭外での暴力や差別は、密接に関連しているのだ。それゆえ、フェミニズム運動は、女性差別を撤廃する戦略として「私的なこと」のなかに潜む「公的な」側面を明らかにすることを重視してきた。「私的なこと」とされ政治のテーマから除外されるもののなかにこそ、性差を巡る問題が潜んでいることを暴露しようとするのである。先のスローガンは、そうした運動の方向性を明確に表わしている。

肥大する〈私〉　現代の高度大衆消費社会では、人々が「自分自身」に関心を抱き、あくなきまでに自らの欲望を追求していくことは、ある意味で必要とさえされている。なぜなら、必要最低限をはるかに超えた「豊かさ」を享受する現代の資本主義社会では、よりおおくの人々がモノに魅了され、それを購買することが求められているからである。つまり、「倹約」ではなく「浪費」を美徳とするようなロジックを、現代社会は内包しているである。

しかしながら、このように肥大する〈私〉の世界は、個々人の「わたし」に大きな問いを投げかけてもいる。広告に代表されるメディアによって喚起される「欲望」に衝き動かされ、次々に現われる新たなモノを追い駆けていくなかで、人々はますます「わたし」を見失っていく。つまり、皮肉なことに〈私〉が肥大していくことによって、私たちはさらなる「自分さがし」を強要されるのである。

メディアで「つながる」ことの意味　近年のメディアの普及は、合理的・功利的な視点だけから説明できるものではない。つまり、人々は単に「便利だから」とか「効率的だから」といった理由のみで、新しいメディアを使いはじめるわけではない。とりわけ若者におけるメディア普及・利用を考えていく際に重要なポイントは、メディアを介して仲間と「つながる」ことに、どのような魅力が感じ取られているかである。かつ

> ての「ベル友」に典型的に見られたように、ポケット・ベルの文字メッセージだけで結ばれた相手との関係がもてはやされたのは、若者たちが、他の関係では味わえない「つながっている」ことの面白さをそこに感じ取ったからにほかならない。

設問

1. 私たちは、どのようなときに「公私」の違いについて意識するだろうか。また、そうした意識が持たれないとき、どのような問題が生じるだろうか。具体例をあげて述べなさい。

2. 現代社会において、〈公〉をめぐるコミュニケーションは、どのような場所で誰を担い手として成立しているだろうか。「日の丸・君が代」問題を例として述べなさい。

3. メディアの働きによって「公私」が再編成される具体例として、どんなものがあるだろうか。

〈第Ⅲ部　ブック・ガイド〉

鷲田清一『じぶん・この不思議な存在』（講談社現代新書、1996年）は、「自分」という存在を自己完結したものではなく「他者」との関係のなかに見出すことの重要性を、哲学の立場から分かりやすく解説している。**香山リカ『〈じぶん〉を愛するということ』**（講談社現代新書、1999年）は、90年代の日本においてどうして「わたし」というテーマがおおくの人々をの心捉えるようになったのかを批判的に検討しつつ、自分を愛すること＝自己愛について論じている。**西垣通『こころの情報学』**（ちくま新書、1999年）は、「情報」という言葉をキーワードに機械と人間との違いを、「ヒトの心」の独自性という観点から明らかにしている。そして、情報化社会といわれる現在、そうした人間の「こころ」がどのような危機に直面しているのかをインターネットとの関連で論じている。

シェリー・タークル『接続された心　インターネット時代のアイデンティティ』（日暮雅通訳、早川書房、1998年）は、インターネットが作り出すサイバースペースのなかで、人々がどのようにして日常とは異なる「自分」を作り上げているのか、そこにど

のような可能性が潜んでいるのかを臨床心理学の立場から検討している。コンピュータ・ネットワークに媒介されることで自己がいかに多様化/拡散化していくのかを考えるうえで、格好の書である。

　宮原浩二郎『変身願望』（ちくま新書、1999 年）は、別の自分になる＝変身することの快楽を分かりやすくかつ深遠に語っている。現代社会において、どうして人々は変身に夢中になるのか。そこにどんな可能性と問題が潜んでいるのか。こうした「色々なわたし」をめぐる問いについて考えるうえで、格好の一冊である。

　恋愛をコミュニケーションの観点から考えていくうえで、**AERA MOOK『恋愛学がわかる』**（朝日新聞社、1999 年）は、便利な手引き書となる。そこでは、哲学、文学、心理学、社会学、精神分析など多岐にわたる学問分野から「恋愛」というテーマについて検討が加えられている。より哲学的に「恋愛」について考えていく際に、**モーリス・ブランショ『明かしえぬ共同体』**（西谷修訳、ちくま文庫、1997 年）から学ぶべきものは数知れない。ブランショの文章に触れることで、通常考えられているのとは全く違った「恋愛」や「共同体」についてのイメージを感じ取ることができるだろう。

　「わたし」を探究していくことは、必然的に「あなた」との関係について考えることに繋がる。**奥村隆『他者といる技法』**（日本評論社、1998 年）は、「他者」と共にいることが私たちにどのような課題を投げかけているのか。そこに潜む危険や暴力を爆発させないためには、自己と他者とのあいだにどのような「技法」が可能なのか。こうした自他をめぐる問いについて、具体的な状況を想定しつつ探究したものである。

　「私的な世界」としてのプライバシー領域が、他者との相互行為を通じてどのように形成されるのか。社会制度や規範がそうした私的世界と公的世界の区分をどのように支えているのか。**片桐雅隆『プライバシーの社会学　相互行為・自己・プライバシー』**（世界思想社、1996 年）は、そうした個人と社会の根源的な関係をシンボリック相互作用論の視座から論じている。日本社会において公私はどのようなものとして考えられてきたのか。その特徴と問題点はどこにあるのか。**加藤典洋『日本の無思想』**（平凡社新書、1999 年）は、ホンネとタテマエをめぐる諸問題を手掛かりに、戦後社会における公的なもの/私的なものの課題と可能性を探究している。

13

エピローグ
日常のなかのコミュニケーション

　これまでの各章において、私たちの日常的なコミュニケーションについていろいろな角度から考えてきました。第Ⅰ部「コミュニケーションの仕組み」では、日頃さして意識することもないコミュニケーションが、いったいどのような「仕組み」によって成り立っているのか。私たちは日常的な場面において、どのような媒体を用いて相手とのあいだで意思の疎通やメッセージの交換をしているのか。そうした問いを考えてきました。

　第Ⅱ部「コミュニケーションの現在」では、現代社会のなかで私たちのコミュニケーションがどのような変化に見舞われているのか。そこに現われている現代的なコミュニケーションのあり方は、どのような特徴を伴っているのか。そうした「いま現在」の問題に焦点を当てながら、私たちを取り巻くコミュニケーション環境について検討を加えてきました。

　第Ⅲ部「コミュニケーションの不思議」では、他者とコミュニケーションを交わすことによって、どのようにして「わたし」が生み出されるのか。ますます多様化/複雑化していく現代社会での対人関係のなかで、「わたし」はどのような変化や課題に直面しているのか。そうした誰にとっても身近な問題である「わたし」の不思議さについて探究してきました。

　冒頭の「プロローグ」でも言ったように、本書では理論的で抽象的な説明だけでなく、私たちが日常において出くわすような具体例をできるだけ盛り込みながら、コミュニケーションについて考えることを目指してきました。読者の皆さんは、具体的なイメージを抱きながら各章の議論を理解していただけたで

しょうか。抽象的・概念的な議論が具体的イメージと結び付くことによって、日常的なコミュニケーションについての理解が少しでも深まったことを期待してやみません。

「正解」はない

プロローグでも述べたように、日常生活において「あたりまえ」と思われているコミュニケーションを、ことさら改まって語ることは「過剰な」試みです。それは、自明視され不可視となっている事柄を、敢えて可視化することにほかなりません。ですが、こうした可視化の試みには、大きな意義があります。そして重要なことは、そこでの意義が各人ごとに異なってくることです。

日々のコミュニケーションの「仕組み」が分かることを、ただ単に知的な快楽として受け止める人もいるでしょう。また、「わたし」と「あなた」のコミュニケーション関係を理解することで、対人関係を取り結んでいく上での指針が得られるかもしれません。さらに、コミュニケーションによって紡ぎ出される「わたし」について理解を深めることは、今後の「自分らしさ」の探究に役立つことでしょう。

このようにコミュニケーションを「論じる」ことの意義は、それを受け止める人によって多様です。いずれにせよ、日常生活において何気なく交わされているコミュニケーションについて考えることは、私たちに何らかの「知恵」を与えてくれます。ですが、ここで注意せねばならないことは、そうした「知恵」について、単純に正しい/間違っているとの判定を下すことができないという点です。別の言葉でいえば、コミュニケーション論がもたらす「知恵」には、最終的な「正解」など存在しないのです。

それぞれの「答え」

正解などない。このように述べると、おおくの人々はコミュニケーション論という学問は「いい加減なもの」と感じることでしょう。たしかに、普遍的な法則を探究する自然科学系の学問と比較したとき、社会科学系の学問はどこと

なく曖昧で、厳密さや明確さに欠けるように感じられます。ですが、本書で繰り返し述べてきたように、コミュニケーションは私たちが日々織りなす日常生活のなかにこそあること。さらに、それを解明するコミュニケーション論自体も、そうした日常を前提として成り立つこと。以上のことを踏まえれば、そうした「いい加減さ」にこそ、コミュニケーション論の学としての魅力と意義があることが分かります。なぜなら、日々の日常実践のなかにあるからこそ、コミュニケーションという現象は私たちの誰にとっても身近なものであり、その「仕組み」を解き明かすコミュニケーション論は人々が生きていくうえで「役立つ」と期待されるからです。つまり、コミュニケーション論から得られる「知恵」をどのように活かしていくのかは、私たちひとりひとりに任されているのです。

そうした意味で、本書でのコミュニケーション論において求められてきたものは、誰にとっても妥当する「正解」ではなく、それぞれの個人ごとに異なる「答え」にほかなりません。本書での議論を読むことで、読者の皆さんが自分の関心に引き付けながらそれぞれの「答え」を見つけて下さるならば、著者である私にとってそれ以上の喜びはありません。

他者への「応え」

そしてさらに、そうした「答え」が抽象的な理解に終わるのではなく、日々交わされる他者とのコミュニケーションのなかで「応え」へと発展していくならば、その時コミュニケーション論は、現実世界を「少しでもましなもの」へと変えることに、わずかながら寄与することでしょう。

どこか遠くの世界にある「正解」ではなく、身近な生活のなかの「答え」として。さらに、他者との具体的な関わり合いにおける「応え」へ。コミュニケーション論を学ぶことで得られる「知恵」がそのように広がっていくとき、私たちは「過剰な」試みが、日常世界を変革していくダイナミズムを実感します。そのとき、コミュニケーションについて論じることは、コミュニケーションを変えていく契機にほかならないのです。ここにこそ、コミュニケーションを考

えること=「コミュニケーション論」の面白さが潜んでいると、私は常々感じています。

　本書では、「日常のなかのコミュニケーション」というタイトルのもとで、私たちが日々生きている日常世界に即しながらコミュニケーションについて考えてきました。ここでの「語り」が単にコミュニケーションについての問いを解明するだけでなく、読者の皆さんにさらなる疑問や問いかけを引き起こすことで、「過剰な」試みがより一層活性化することを祈っています。

あとがき

　使える教科書を作りたい。大学で教える機会を得てから、漠然とそうした思いを抱き続けてきました。もちろん、コミュニケーション関連の教科書はこれまでにたくさん出版されていて、その多くは大変に素晴しいものです。ですが、実際に自分の授業で使おうとすると、どうしても躊躇してしまうのです。内容が高尚すぎる。文章が難しい。理論的・抽象的過ぎて具体性に欠ける。取り上げている事例が古くなっている、などなど。いろいろと理由はあったのですが、やはり最大のことは「自分で書いたものでない」という一点に尽きるようです。
　現時点では幸いなことに、教える側にその気とそれなりの覚悟があれば、大学での講義において自分の思いや伝えたいことを、「学問」の言葉にのせて学生に伝えることができます。あらかじめ決められた厳格なカリキュラムやシラバスに縛られることなく、自分の責任において「学び」の場を持つことができることは、学問の自由にとってなによりも大切なことです。そうした場合、他人が書いたものに依ってではなく、自分の手による教科書を使って学生に語りかけたい。そうした不遜な欲求が、大学での年月を重ねるにつれて、私のなかで徐々に膨らんでいきました。教育現場で自分が教えていくうえで「使える」テクストを、是非とも書きたくなったのです。
　それと同時に、自分自身が学生だったころから抱いていた「教科書はつまらない」という観念を、どうにかして打ち破りたいとの野望を持っていたことも事実です。学問領域における重要な理論や概念をきちんと教えることが教科書には求められるため、そこでは網羅的にいろいろな事象について議論されます。ですが、そうした生真面目な教科書は、どうしても読む側にとって退屈なものになってしまいがちです。
　そのため、講義で指定されているから、ゼミで輪読するからといった外在的な理由で学生は義務として教科書を読むでしょうが、はたしてそうした読書にどれほどの意味があるのでしょうか。自分自身の経験を振り返っても、学生時代に何冊かの教科書を読んだのですが、残念ながら今に至るまで記憶に残って

いるものはありません。その当時に試験対策として覚えたことが、その後の人生になんら活かされていないのです。

どうやらいつのころからか、試験にパスしたりゼミの単位を取るための「勉強」のためだけに、教科書は存在するようになってしまったようです。ですが、こうした事態は、憂慮すべきことではないでしょうか。どのような学問領域であれ、その「学」としての面白さや奥深さを初心者に教えるべき教科書が、多くの学生にとって義務として読まれ、すぐに忘れ去られていくものになっているとしたら、それはやはり問題といわざるを得ないでしょう。

そうしたことから、単なる「勉強」のための教材ではなく、自分なりに物事を考えていくうえでのヒントになるような教科書ができないものだろうか。別の言葉でいえば、読んで面白いテクスト、つまり学生側にとって「使える」教科書が必要ではないだろうか。そしてできることなら、そうしたテクストを自分で書いてみたい。そうした野望を抱くようになったのです。

ですから、本書を執筆するに当たっての目標は、教える側にも学ぶ側にも「使える」テクストを書くこと。この一点に尽きました。もちろん、そうした試みが成功したなどとは思っていません。ですが、読者の皆さんには、私がどのような思いをもってこの本を書いたかについて、最後に「告白」するのが筋だと考えました。なぜなら、そうした「ことわり」を了解いただいたうえで、少しでも多くの方々からご意見やご批判を頂戴し、さらに「使いやすい」テクストを目指し自分なりに努力していきたいと考えているからです。

本書は従来の教科書とは、形式・内容において大きく異なっています。私のささやかな「挑戦」が、少しでも「使える教科書」の実現に近づいていれば幸いです。

最後になりましたが、「使える教科書」という私の考えに賛同し、本書の出版を引き受けていただき、色々とアドバイスを下さった北樹出版の登坂治彦氏に、心より感謝の意を申し上げます。本当に有難うございました。

1999年11月

阿 部 　 潔

著者紹介

阿部　潔（あべ　きよし）
1964年　名古屋に生まれる
1987年　関西学院大学社会学部卒業
1992年　東京大学大学院社会学研究科博士課程単位取得退学、
　　　　東京大学社会情報研究所助手
1995年　関西大学総合情報学部専任講師を経て
現　在　関西学院大学社会学部助教授。博士（社会学）
　　　　1998年4月から一年間、British Council Fellowship を得
　　　　てロンドン大学ゴールドスミス校に客員研究員として滞在。
専　攻　社会学、メディア/コミュニケーション研究
著　書　『公共圏とコミュニケーション』ミネルヴァ書房、1998年
　　　　『彷徨えるナショナリズム』世界思想社、2001年
　　　　『ダイアローグで学ぶ基礎社会学』（石田淳との共著）
　　　　関西学院大学出版会、2002年

日常のなかのコミュニケーション
——現代を生きる「わたし」のゆくえ

2000年1月15日　初版第1刷発行
2018年9月25日　初版第5刷発行

著者　阿部　潔
発行者　木村哲也

・定価はカバーに表示
印刷　中央印刷／製本　新里製本

発行所　株式会社　北樹出版
〒153-0061　東京都目黒区中目黒1-2-6
電話（03）3715-1525（代表）
振替 00150-5-173206　FAX（03）5720-1488

ISBN 4-89384-742-2　（落丁・乱丁の場合はお取り替えします）

船津　衛・廣井　脩・橋元良明　監修
シリーズ 情報環境と社会心理

1	情報行動と社会心理	橋元良明編著
2	地域情報と社会心理	船津　衛編著
3	子ども・青少年とコミュニケーション	橋元・船津編
4	映像メディアの展開と社会心理	橋元良明編著
5	情報化と社会生活	橋元・船津編
6	情報通信と社会心理	廣井　脩編著
7	災害情報と社会心理	廣井　脩編著
8	コミュニケーションと社会心理	船津　衛編著

昨今の情報環境の変化は、日進月歩ならぬ「秒進分歩」の感があり、研究活動においても続々と新たな成果、知見が公表されている。本シリーズは、ハード／社会システム面、文化論、メディア論の観点からみた変化はもとより、とりわけ生活者の立場に目線をおいた社会心理的分析の検討に焦点を合わせ、20世紀末の現時点での市民生活・意識の全体像と課題のすべてを的確に把握させることを意図とする。

橋元良明　編著
情報行動と社会心理
〈シリーズ　情報環境と社会心理　1〉

インターネット、パソコン等の導入によるメディア環境の移り変わりで情報行動が日常生活をどのように変え、社会生活にどのような影響を及ぼしているかを各視点から的確に捉え、分析して、その近未来を予測する。

A 5 上製　176頁　2200円（694-9）　［1999］

船津　衛　編著
地域情報と社会心理
〈シリーズ　情報環境と社会心理　2〉

地域社会の停滞を打破し、活性化するためにも注目されている地域情報化、地域情報の特質、地域メディア、情報コミュニティ等の問題と正面から取り組み、その解明を通じて新しい可能性を具体的に示す。

A 5 上製　152頁　1900円（692-2）　［1999］

橋元良明・船津　衛　編
子ども・青少年とコミュニケーション
〈シリーズ　情報環境と社会心理　3〉

移動体通信機などの急速な普及によるメディア環境の激変下での児童・青少年のコミュニケーションの現状、生活習慣の変化を実証的に検証し、それらが精神的発達や学習に与える影響を社会心理的に分析する。

A 5 上製　136頁　1700円（723-6）　［1999］

橋元良明　編著
映像メディアの展開と社会心理
〈シリーズ　情報環境と社会心理　4〉

デジタル化、双方向化、高精細度化というテレビ産業の動き、インターネットの効用、テレビ電話の可能性等の映像メディア環境の変化の社会的意味と日常生活への影響を社会心理学的アプローチから捉えた最新書。

A 5 上製　136頁　1700円（726-0）　［1999］

橋元良明・船津　衛　編
情報化と社会生活
〈シリーズ　情報環境と社会心理　5〉

高度情報化社会といえる現下において、新しいメディアと広告の現状と動向、ニュースメディアなどの変貌、家族ライフスタイルの変容流行に及ぼす影響等を具体的に平易に論究して今後の展望を示す。

A 5 上製　136頁　1700円（730-9）　［1999］

廣井　脩　編著
情報通信と社会心理
〈シリーズ　情報環境と社会心理　6〉

［近　刊］

廣井 脩 編著
災害情報と社会心理　　［近　刊］
〈シリーズ 情報環境と社会心理 7〉

船津 衛 著
コミュニケーションと社会心理　　［近　刊］
〈シリーズ 情報環境と社会心理 8〉

吉井博明 著
情報化と現代社会 [改訂版]
情報通信メディアの生活への浸透、産業や職場における情報化の歴史と現状、国土利用と情報化、地域社会と情報化など社会における情報化の全体像に、それがもたらす負の側面にも目を配りつつ鋭く迫る。
A 5 上製　234頁　2800円（612-4）　［1997］

田崎篤郎・船津 衛 編著
社会情報論の展開
情報化の進展にともなうメディア環境の変貌と個人・システムへの影響を、従来の情報社会論より幅広い視野から包括的に把える社会情報論の最新研究。社会や生活の諸側面における情報化の展望を探った。
A 5 上製　158頁　1900円（601-9）　［1997］

小林修一 著
メディア人間のトポロジー
身体・メディア・空間の社会史
近代社会の機能不全解明のため、メディアを一つの切り口とし「近代」の成り立ちを身体性の位相から把え直し、人間・社会を絡めとってきた機制を明らかにする。現代の情報化謳歌の風潮に一石を投ずる。
A 5 上製　227頁　2300円（595-0）　［1997］

高頭直樹 編著
情報社会の課題
コンピュータ化への対応とその応用
コンピュータが普及の一途をたどる一方で人間との相互関係はいまだ確立しえない状態にある。本書は、多角的分析により、その曖昧模糊たる関係の展望をきりひらく。情報社会の「いま」を知るための書。
四六並製　166頁　1748円（567-5）　［1996］

水野博介・中村功・是永論・清原慶子 著
情報生活とメディア
情報革命時代といわれる現代。新学問分野、情報生活論の枠組みを提示すると共に、様々な情報メディアはいかに生活に浸透しているかを具体的に分析。今後の情報的ライフスタイルはどうなっていくのか。
A 5 上製　179頁　2200円（615-9）　［1997］

竹内郁郎・児島和人・橋元良明 編著
メディア・コミュニケーション論
従来のマスメディア中心の研究を超えてコミュニケーションを媒介する手段としてメディアを再定義しそれが関わるコミュニケーションの全領域を包括的系統的に体系化する、メディア研究の新しい地平。
A 5 上製　292頁　2900円（662-0）　［1998］

三藤利雄 著
コミュニケーション技術と社会
コンピュータ登場以来どのようなコミュニケーション・システムが形成されるに至ったか、コミュニケーション技術が社会全体にどのような影響を及ぼしているかを電子メディア技術に焦点をあて分析。
A 5 上製　184頁　2500円（680-9）　［1998］

鍋倉健悦　編著 **日本人の異文化コミュニケーション**	文化背景を異にする人々の間で起りえるさまざまな事柄について、基本的理論と具体的事例のバランスに配慮しながら考察し、異文化間コミュニケーションとは人間の現実的行動に他ならないことを示す。 A5並製　184頁　2100*円（148-3）　［1990］
鍋倉健悦　編著 **異文化間コミュニケーションへの招待** 異文化の理解から異文化との交流に向けて	好評の前著『日本人の異文化コミュニケーション』を全面的な改訂と補充を加えてさらに充実。アメリカを中心として基本的理論と多くの事例を紹介した現代における稔りある異文化交流・理解の手引書。 A5上製　208頁　2300円（673-6）　［1998］
鍋倉健悦・渡辺美代子　著 **しぐさでわかる異文化・異性** ことばのいらないコミュニケーション心理学	もっとも誤解が生じやすい相手、異文化人と異性を対象に絞り、顔の表情、視線行動、手振り、身振り、姿勢などの身体的行動による、言語によらないメッセージの伝達方法を多数のさし絵とともに解説する。 四六並製　117頁　951*円（130-0）　［1989］
橋本満弘　著 **異文化間コミュニケーションへ向けて** 英語への新しいアプローチ	現代国際社会において、異文化の交流は重要課題である。コミュニケーション学的視座から異文化間コミュニケーションの根幹を捉えつつ、コミュニケーション手段としての英語学習、教育へのアプローチを試みる。 A5上製　168頁　2000円（729-5）
福田誠治　著 **人間形成からみた比較文化** アメリカ・イギリス・旧ソ連・日本の教育と社会	アメリカ・イギリス・旧ソ連・日本における教育とその背景にある文化との関係を具体的事実をもとに比較・検証する。各章ごとに付された著者自身の異文化交流のエピソードが読者の関心をよびおこす。 A5上製　215頁　2621円（560-8）　［1996］
鵜木奎治郎　編著 **アメリカ新研究**［新版］	日米の経済摩擦、文化摩擦、アメリカにおける日本研究などに重点をおいて、多方面にわたる領域の現代アメリカの特徴を捉える。日米双方の学者を動員し、アメリカ文明の本質に迫る総合的研究案内書。 A5上製　384頁　4000円（358-3）　［1997］
西久保康博　編著 **ドイツ研究**（仮題）	ドイツの自然風土、都市、歴史、現代の政治、教育制度、西と東の問題、EU関係、環境問題、映画やサッカー等の文化、生活を切り口にドイツ文化をナビゲート。具体に即した理解を促すよう資料・コラムも充実。 A5上製　〔近刊〕
嶋根克己・藤村正之　編著 **非日常を生み出す文化装置**	現代社会において、無意味化しつつあるといわれる「日常と非日常」を多様な側面から読み直し、新たな日常―非日常の機能を探る。文化論的視点から具体的な検証を行い、現代という時代の一面への照射を試みる。 A5上製　〔近刊〕
山岡道男　著 **アジア太平洋地域のINGO** 〈叢書パイデイア〉	ますます重要視されつつあるアジア太平洋地域との関係が形成された経緯を、非政府組織の活動を中心にたどってゆく。またアジア太平洋協力の生みの親、大来佐武郎先生の貴重なインタビューも収録する。 四六並製　166頁　1748円（539-X）　［1996］